羽野ゆつ子
竹原卓真
編

An invitation to
psychology

あなたと
わたしの
心理学

● 教養として心理学と出会う愉しみ

ナカニシヤ出版

はじめに

　本書は，『あなたと創る教育心理学』『あなたと生きる発達心理学』に続くテキストです。本書は，教養として心理学を学ぶことに軸足を置いて編集しました。その点で，教育・保育の専門家に向けた前2冊と相補的な書となっています。

　現代心理学は20世紀に発展したと学生に話すと驚かれることもあるくらい，日本における心理学の位置づけは歴史を通じて変わってきました。今日，心理学が探究の対象とする「心」には，多くの人が関心をもっておられると思います。その最初の関心を学びへとつなぐことを本書は目指しました。心理学のテキストとしては，心理学専攻の学生の入門書や心理学という学問分野を概観する書，実用面が強調された書，近年では公認心理師のテキストなど，多くの書が刊行されてきました。それらの書は，心理学の専門家を目指す，心理学を日常生活や社会に役立てる，といった目的をもって心理学を学ぶ人にとって重要な役割を果たすものですが，本書は，教養として心理学を学ぶということに軸足を置くことで，最初に人が心に関心をもち，知ろうとするときの興奮や期待を学びにつなげていくことを大切にしたいと考えました。

　学問としての心理学を学ぶとなると，その関わり方は変わってくることがあります。「心理学に関する情報をたくさんもつこと」「心理学の専門用語を正しく覚えること」が心理学を学ぶことだと思うようになることがあります。それは，絵画を見て，作者に関する情報や描かれた年代，技法に関する情報を暗唱できても，その絵画の魅力を味わったり，作家の技術や苦労を感じたりできず，それらの過程を他者と共有することもできなくなるようなことです。そのような学びになると，心理学を学ぶうちに心に対する興味も共感も失われていきます。そうではなく，心をめぐる問いを自分事としてとらえ，心の不思議に驚き，心理学の当事者や参加者として愉しめるようになっていく―そんな出会いのきっかけになるテキストでありたいと思い編集しました。この思いは，前2冊

と共通しています。

　本書は，みなさんを心理学の世界に誘うために，いくつかの工夫をしました。

　第1に，執筆者が心理学者としての専門領域や趣味・関心を活かして，心理学の面白さ・魅力・難しさ・課題を読者に紹介することです。心理学者（「わたし」）が，研究対象である心を対話の相手（「あなた」）として，「わたし」と切り離さないで研究していることを感じていただけると思います。とりわけ，心理学の基礎的なテーマである，知覚（第1章，第2章）や記憶（第4章），発達（第8章），臨床（第13章，第14章）を若い心理学者が紹介しています。これまで長く研究が続けられてきた分野について，研究を受け継ぎ，伝承しつつ，新しい研究に邁進する心理学者の息吹を感じてもらえると思います。

　第2に，現代の人間や社会を心理学の視点から「あなた」とともに見つめていくことです。現代社会の課題でもある表情コミュニケーション（第3章），学習（第5章），青年から成人への移行（第9章），精神的健康（第11章），共生（第12章），近年重要性が増している批判的思考（第6章）や創造性（第7章），高齢者の発達（第10章）を取り上げています。

　第3に，読者の道連れになってくれるキャラクターが各章に登場します。好奇心旺盛な18歳（大学1年生）の女の子「あすの」と，しっかり者の19歳（大学1年生）の男の子「かなた」です。あすのには愛犬の「トム」，かなたには愛猫の「リリー」というバディがいます。あすのやかなたに，あなた自身を重ねながら読み進めてもらうこともできますし，あすのとかなたが対話の相手になってくれることもあると思います。トムとリリーは，時に難解な論理を読むときの癒しにもなってくれることでしょう。このイラストは，大学で心理学を専攻された HeE さんが，心理学を楽しく学んでほしいという思いを込めて描いてくださいました。

　第4に，各章の最後に「調べてみよう，考えてみよう！」を設けています。心理学の知見に照らして，日常生活や自分自身を見つめなおしたり，心理学研究の展開や他分野との関連を調べたり，それをともに学ぶ人と交流しながら心理学の世界に参加してもらえたらと思います。

　「わたし」が学ぶために，「あなた」との出会いが不可欠で，その学びの背後には多くの人々の社会的・文化的・歴史的な状況の中での研究の営みがあり，

そこに「わたし」が参加することで「わたし」は誰かの「あなた」にもなる。
それが「あなたとわたしの心理学」です。

　最後に，企画にあたって，楠見孝先生（京都大学），興津眞理子先生（同志
社大学），中間玲子先生（兵庫教育大学）にお世話になりました。また，前2
冊に引き続き，ナカニシヤ出版編集部の山本あかねさん，宍倉由高さんにお世
話になりました。山本さんは，本書の名づけ親です。宍倉さんは，1冊刊行さ
れるたびに感想をお寄せくださり，次の企画へと導いてくださいました。心よ
り感謝申し上げます。

編者

目　　次

序章　大学で心理学を学ぶとは？

1．市民から見た心理学

(1) 人は誰もが心理学者

　みなさんは，「心理学」という学問にどんなイメージをもっているだろうか。物理学や生物学，数学，歴史などと違い，どの中学や高校でも心理学という科目が開設されているわけではない。だが，心理学は，他の学問と異なり，人間が人間の心を研究する学問であるため，人は誰でも心理学者たりうる。たとえば，人は心理学を学んでいなくても，経験に基づいて自分や人の気持ちを理解しようとする。こうした心に関する人々の共通する経験からなる心理学を，**常識心理学**という。また，メンタリストや心理ゲームなどから，相手の心を動かす心理トリックや，自分の性格や生き方を自分で改善するセルフヘルプに関心をもつ人は多い。これらは，**ポピュラー心理学**（通俗心理学）という。学問としての心理学を学ぶ前に，人は，人々の智慧としてそれなりに社会的に機能している常識心理学や，雑誌やインターネット，テレビで行われているポピュラー心理学に基づいて，人間の心に関する**素人理論**（naive theory）をもっている。

(2) 市民が心理学に期待すること

　その市民（一般の人々）が，学問としての心理学に期待することはどのようなことだろうか。図0-1は，全国の2,107人（20〜60代）の市民を対象に，心理学の18のトピックについて，「もっと知りたい」から「知りたいと思わない」までの5段階で評価してもらった結果である（楠見，2018）。6割以上の市民が「知りたい」と考えている内容は，「ストレス，自殺，心の病気の原因や防止，対処法に関する情報」，「学校，家庭や職場などの集団における人間関係と，

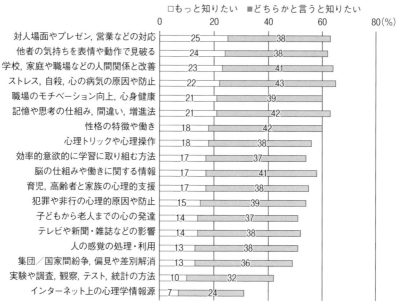

□もっと知りたい　■どちらかと言うと知りたい

図0-1　市民が知りたい心理学トピック（回答比率〈%〉，2,107人）
（楠見，2018，p.14を筆者改変）

その改善のための情報」，「対人場面やプレゼンテーション，営業などでうまく対応する方法」，「記憶や思考の仕組み，間違い，増進法」「他者が隠している気持ちを表情や動作で見破る方法」「職場のモチベーション向上，心身健康」「性格の特徴や働き」だった。

　この調査は20〜60代を対象にした大規模調査だが，筆者が大学で学生に心理学を受講するきっかけや期待することを聞くと，この調査と同様，「人の感情や考えを読むことができる」という読心術や，自己理解や他者理解，対人コミュニケーションに関わることがあげられる。まとめると，心理学に対して，多くの市民は，社会生活で生じる心の問題を解決するための心理学に関心をもち，社会生活に役立つ情報を求めているといえる。

2．大学で学ぶ心理学

　次に，学問としての心理学を紹介しよう。みなさんの心理学に対するイメージと重なるところもあるが，異なるところもある。

（1）人間の心を対象とする

　心理学は，人間がすることであればほぼ何でも研究対象になる非常に幅広い学問だ。社会生活に関わる自己理解や他者理解に限らず，身体を動かすこと，見たり聞いたりすること，ものをつくったり考えたりすることなど，私たちが日常の中で行っていることも心理学の研究対象だ。また，生を受けて誕生し，子どもから大人になって，老いていき，死を迎えるという，人の一生を視野に入れて，人が人と交わり，どのように自分を育てていくのか，どのような性格をもつのか，悩みや心の不調を抱えたときにどうすればいいのか，といったことも研究の対象になる。それは，本書の目次を見てもらっても感じてもらえるだろう。心理学の守備範囲は広い。

（2）見えない心にアプローチする—方法への意識

　みなさんが心理学に期待することとして「人の感情や考えを読む」ことがあげられるのだが，ここで考えてみてほしい。「心」は見えるだろうか。たとえば人が感じていることや考えていること，あるいは性格を直接見ることができるだろうか。「温かい人だ」といっても，その人がホットコーヒーや毛布のように物理的に「温かい」わけではない。私たちは心を直接見ることはできないのだが，私たちは自分や他者の心に気づき，心の状態を感じ，言葉にして語っている。心理学の「心の理論」研究者が主張するように，私たちは，人のいろいろなふるまいを，ただのふるまいとしてではなく，そこに「心」というものを考えながら読み取ってしまうようだ。

　では，私たちが感じているけれど見えない「心」を，どのようにすれば見ることができるだろうか。図0-2は「カニッツァの三角形」と呼ばれる有名な錯視図形である。みなさんには，どのように見えるだろうか。図の真ん中に，

図0-2　カニッツァの三角形 (Kanizsa, 1955)

白い三角形が見えるだろう。しかし，実際には中心の三角形は描かれていない。3つの黒い図（パックマン）に囲まれることによって，白い三角形が浮かび上がってくるのだ。これは，見えない「心」を見る方法を考えるヒントになる。目に見える行動を観察することで，私たちが知りたい「心」を浮かび上がらせるのだ。温かい性格そのものが見えるわけではないが，性格の温かさを感じる行動は見ることができる。その行動から現れてくる「温かさ」を人は見るのだ。そして，ここに心理学という学問の特徴がある。私たちが観察できるのは「行動」や「行動の結果」だ（たとえば，心拍，血圧，呼吸，脳波などの生理的指標，眼球運動，fMRI など高度な性能をもつ機器の開発によって測定可能になった脳の活動，言語反応も観察可能な活動だ）。そういった目に見える情報を科学的に把握することを試みながら，目に見えない部分を研究しようと試みるのである。直接見えないものを見ようとすること，より確実に見るにはどうするかを工夫していくこと，つまり，「心」を見る方法を工夫するところに心理学のおもしろさがある。

（3）心理学の成り立ちと方法論

　直接見えない心をより確実に見るための方法として，心理学は，自然科学の方法に学んで研究を進めてきた。この点について，今日の心理学誕生の歴史を遡ってみよう。哲学，医学，生物学，物理学の影響を受けながら，心理学は，

19世紀に1つの学問分野として成立するようになった。その起源として，1879年に**ヴント**（Wundt, W. M.）がライプチヒ大学に公認の心理学実験室を創設したことがあげられる[1]。ヴントは，19世紀に発展した生理学の手法を心理学に取り入れた。刺激を与えられたときに，内部における経験（心理学的反応）と外部に現れてくる反応（生理学的反応）を内観法（自分の意識の中で起こっている経験内容を自分自身で観察し，分析し，報告する）と様々な実験機器の使用とに基づいて測定することを試みたのである（図0-3参照）[2]。

　ヴントの心理学は，20世紀前半の心理学に影響を及ぼした。第1は，アメリカでワトソン（Watson, J. B.）が立ち上げた**行動主義の心理学**である。心理学研究の対象を，ヴントのように客観的に観察し得ない意識に限定するのではなく，誰に対しても測定可能で客観的に観察し得る行動を対象に研究を行おうとしたのである。第2は，**ゲシュタルト心理学**である。ヴントは内観法によって意識過程を分析しようとしたが，それは心的要素の集まりとして意識を考える構成主義の立場に基づくものだった。それに対して，「全体は単なる要素の集まりではない」という全体論の立場に立つゲシュタルト心理学がドイツでウェルトハイマー（Wertheimer, M.），ケーラー（Köhler, W.），レヴィン（Lewin, K.）らによって発展した。第3に，オーストリアの医師，フロイト（Freud, S.）の創案した**精神分析**である。精神分析は，人間をとらえるとき，ヴントの考えるように要素に分解するのではなく，ゲシュタルト心理学と同様，全体としてとらえるべきだと主張した。また，ヴントが意識に注目したのに対して，フロイトは無意識の働きを強調した。その初期にはフロイトの影響を受け，のちにフロイトのもとを離反して独自の理論を作り出した著名人にアドラー（Adler, A.）やユング（Jung, C. G.）がいる。また，フロイトの娘アンナ・フロイト（Freud, A.）や彼女の影響を受けたエリクソン（Erikson, E. H.）らに

1　サトウ・高砂（2003，p.25）によると，1879年は，実験室という建物ができた年ではなく，その年度の秋からカリキュラムにヴントの指導する心理学の演習が導入され，それまでヴントが私的に使っていた実験室が授業に組み込まれた年であると解釈するのが正しいようだ。

2　心理学が独立した学問として認められているのはヴント一人の力によるものでもないし，1879年に突然，心理学が独立したわけでもない。たとえば，ヴントの心理学実験室創設に先立つ1860年には，ドイツの物理学者フェヒナー（Fechner, G. T.）が実験によって，心と身体の関係を数量的な対応関係で知ることを目指す精神物理学を提案した。精神という目に見えないものを，物理学の方法でとらえようとした。

ヒップの時間測定器
（クロノスコープ）
（吉村，2017）
写真は東京大学に残る日本
への最初の輸入品。

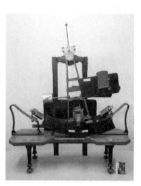

多用途振子型瞬間露出器
（タキストスコープ）
（吉村，2018）
写真は京都大学に残るもの。
ドイツ語で製品名に「ヴント
式」とある。視覚刺激を瞬時
に提示する装置。

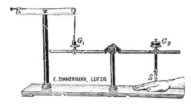

ヴントのデモンストレーション用圧秤
（吉村，2016）
圧秤：圧や触の感覚の変化（弁別閾）を測る道具。

円筒式記録器（カイモグラフ）
（増田・長田，2011）
写真は立教大学新座キャンパス所蔵のもの。

図0-3　ヴントの時代の心理学実験機器

よって，心理療法やその基本となる精神分析的な発達理論が発展した。

　20世紀の後半には，**認知心理学**が発展する。行動主義の主張は，自然科学を
モデルとする心理学の発展をもたらしたが，基本的に刺激と反応の関係に注目
し，刺激と反応の間の過程を積極的には研究しないなど，その課題も感じられ
るようになった。そのような中，行動主義の心理学では主観的な問題として研
究されなかった，イメージや注意や思考過程などを研究する認知心理学が発展
してきたのである。しかも，認知心理学は，ヴントの**意識心理学**の時代のよう
な主観的方法ではなく，客観的方法で実験的に研究しようとした。認知心理学
には，やや異なる2つの潮流がある。1つは，人間の心をコンピュータに喩え
て，認知過程を一種の**情報処理過程**と考える認知心理学である。コンピュータ
科学，情報科学の発展の影響を受けて展開し，知覚や記憶，思考といった心の

機能の解明が進み，今日の AI 研究にもつながっている。もう 1 つは，認知過程のモデルを人間の能動的活動に求める**構造主義**の認知心理学である。イギリスの心理学者バートレット（Bartlett, F. C.）は，物語や図を用いて，リレー式の記憶実験（系列再生法という）を行った。物語や図を 1 人の実験参加者に見せて15〜30分後にそれを再生させ，その再生物語や図を次の実験参加者に見せて，また15〜30分後に再生させ，その再生物語や図を第 3 の実験参加者に見せて再生させるというものである。「幽霊の戦い」というアメリカ先住民の民話物語をイギリス人に聞かせてリレー式の記憶実験を行ったところ，物語の細部は時間が経つにつれてイギリス人の文化になじむように変容した。「男の肖像」と書かれた絵でリレー式の記憶実験を行ったところ，原図が人の顔に変化した（図 0-4）。人間は，何かを見たり聞いたりしたとき，受け取る人の過去経験や文化によって，その内容を常に意味づけして記憶し，変容させる存在であることを示した（詳しい内容は本書第 4 章を参照）。

　心理学は，その初期には物理学や生理学，医学に，20世紀の後半は，コンピュータ科学，情報科学，さらには脳神経科学，生命科学などの発展に影響を受け，新しい研究道具や研究手法を開発し，心のしくみの解明を続けている。だが，心理学の基本は，行動として表に出てくるデータを集め，それをもとに心に関する仮説を立て，様々な方法によって検証していく実証科学にある。これは現在も変わらない点であり，常識心理学や，雑誌やテレビで行われている心理テストと異なる点でもある。心理学でよく使われるデータの集め方を次に

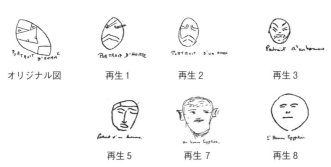

オリジナル図　　　再生 1　　　　再生 2　　　　　再生 3

再生 5　　　　　再生 7　　　　　再生 8

図 0-4　記憶の変容（Bartlett, 1932, pp.178-179を一部改変）
注：再生 4，再生 6 はここでは省略する。

紹介しておこう。心理学では，研究の目的に応じて，方法を使い分けて，研究を進める。

実　験　法　　実験法では，特定の要因（たとえば音の大きさ）が結果（たとえば心理的な快－不快の程度）に与える影響を調べるなど，因果関係を明らかにすることを目指す。たとえば，複数のグループの人々を異なる環境（いくつかの大きさの音）に置き，各環境での行動の違いを観察・測定する。おもに，人に共通する心の基礎的な性質を調べるときに使われる方法である。

質問紙調査法（アンケート）　　調べたい項目について，質問紙を使って多くの人々に回答してもらうことによって，全体の傾向を把握する。おもに，人々の考えや感じ方を直接尋ねたいときに使われる方法である。質問紙への回答は，郵送やインターネット経由で行う場合や，参加者と直接対面して行う場合がある。また，質問紙は，自由に記述する形式のものや，与えられた選択肢の中から回答を選ぶ形式のものもある。調査が行いやすいというメリットもあるが，参加者が意図的に回答を操作したり，質問のしかたによって特定の回答が誘導されたりすることに注意する必要がある。

観　察　法　　研究者が学校や職場などの現場に行って人々の日常の様子をできるだけそのまま記述したり，決められた実験環境の中で人々の様子を観察したりする。おもに，特定の状況での人々のふるまいの特徴などについて，新しい仮説を立てたいときに使われる方法である。観察を行う研究者は，音声録音やビデオ録画を行いながら現場でデータを収集し，行動や話された言葉などをもとに分析を行う。研究者自身が集団の活動に参加する場合もあれば（アクション・リサーチ），第三者の視点で観察を行う場合もある。

面　接　法　　研究者と参加者が1対1または集団になって話し合いを行う。研究者が人々の考えや行動の裏にある理由を探りたいときや，同じ問題を抱える参加者同士が語り合うことで心の問題を癒していくときの手段として使われる方法である。研究者があらかじめ決めた内容についてのみ聞き取りを行う場合と，事前にテーマをしぼらずに参加者同士で自由に話し合う場合がある。質問紙調査法や観察法よりも，人々の本音に近い意見が出てきやすい特徴がある。面接法で話された内容を研究で使う場合は，2人の研究者で分析を行うなどして，データの信頼性を高める工夫が必要な場合がある。

3. 大学で教養の心理学をどう学ぶか

(1) 市民と心理学者の心理観

　学問としての心理学は，生活場面で自分や他者の心を読んだり理解したりする方法よりも，人間の普遍的な心のしくみに関心をもち，それを科学の方法で探究しようとする。特に自然科学に学んだ心理学の研究方法は，多くの人に共通した傾向を見出す方法であり，その知見は，個別の事例すべてに適用できるわけではない。それゆえ，人間一般に通底するものだけで人間の心を語ろうとすると，説得力やリアリティが損なわれることがある。この点は，市民（一般の人々）の心理観と心理学者の心理観の差異にも現れる。たとえば，授業で心理学の実験と結果を紹介すると，「私は，その結果には当てはまらなかった」という感想を聞くことも多い。あるいは，人間の発達段階理論も，多くの人を対象に実験や観察，調査を重ねることによって見出された共通性を示しているのであり，個々人から見た場合には，必ずしもその順序や時期（年齢など）どおりに変化が見られるとは限らないのだが，一般に人は，その理論に自分や身近な他者を当てはめてみようとする。市民（一般の人々）は，人間一般に当てはまる理論を探究する心理学よりも，特定の場や特定の集団，さらには個々の人間を説明できる心理学を求めているといえる。

　この，市民と心理学者の心理観の違いは，普遍性や共通性を求める心理学の研究方法に一定の限界があることも示している。では，心理学では，個々人の個別性や特殊性を描くことはできないのだろうか。たとえば，1960年代に広がった**人間性心理学**は，一人ひとりを異なった独自の存在とみなす。人間性心理学の主唱者であるマズロー（Maslow, A. H.）は，人はそれぞれ自己実現を目指す内的傾向があるととらえ，心理学的に健康な人々の研究が必要だと考えた（Maslow, 1954 小口訳，1987）。また，ロジャーズ（Rogers, C.）は臨床の立場から，被治療者を患者（patient）ではなくクライエント（client）と称し，クライエントのもつ自己実現傾向を強調するクライエント中心療法を提唱した（Rogers, 1951 保坂ら共訳，2005）。このように，臨床心理学や教育心理学など，心理学の一部には，世界と実践的に関わる，重要な取り組みもある。これらは，

自然科学という性格は希薄だが，実践（プラクシス）の科学であるといえる。

（2）かみ合わないコミュニケーションを愉しむ

　では，学問としての心理学を学ぶ意味やおもしろさはどんなところに見出せるだろうか。ここでは心理学を批判的に考えることをあげてみたい（批判的思考の詳しい内容は本書第6章を参照してほしい）。

　批判的思考は，証拠を集め，仮説を検証し，先行研究などの資料を吟味し，反論を組み立て，新しい仮説や見方を提唱していく思考である。まさに，実証科学としての心理学研究でも行われている思考である。心理学研究に触れることは，素朴な心理観を批判的に見つめ直す機会になるだろう。だが，批判的思考はそれにとどまらない。哲学者のノディングス（Noddings, 1993 井藤・小木曽訳 2020, p.40）は，批判的思考は，「肝心要の問題─自分自身に深く関わる問題─に取り組んではじめて引き起こされる」という。前述したように，学問としての心理学が万能なわけではない。人間の心理や行動は多くの要素が複合的にからみあっており，1つの理論ですべてが説明できるわけではない。また，一人ひとりの心や，個別の集団の心を科学的に予測し支援することは，高いニーズや期待があるにもかかわらず非常に困難だ。だから，実証科学としての心理学を学び，自分の素朴理論を修正するというだけではもったいない。むしろ，あなた自身にとって「肝心要の」切実な問いをもって，心理学研究を批

判的に見つめてみてほしい。そのとき，あなたの問いは，心理学者や心理学研究との間で，コミュニケーションのかみ合わなさや，自分の考えるイメージと違うという違和感をもたらすかもしれない。だが，それを大事にしてみてほしい。心理学の授業は，みなさんが知りたいこと，心理学に期待することに，打てば響くように答えてくれて，ポンポンと会話が続く──そんな状態にならな

いということだ。会話がラリーのように続くと気分がいい。だが，そこからなかなか新たなものは生まれない。それぞれ異なる問いをもつ者，心理観の異なる者が参加する教養の心理学では，教師と学生，学生同士の間で，かみ合わないコミュニケーションをお互いに愉しんでみることができるだろう。授業は，たいてい1週間に1回のペースで進む。だから，授業というボールが投げられた後も，お互い，そのボールへの返答を1週間という時間の中でゆっくり練ってみる。そうして，毎週，授業で取り上げられたトピックをめぐって，かみ合わない他者とじっくりやりとりするコミュニケーションを続けてみてはどうだろうか。それが，あなたとわたしの心理学のテーマの1つでもある。

（羽野ゆつ子）

参考・引用文献

Bartlett, F. C. (1932). *Remembering: A study in experimental and social psychology*. Cambridge University Press.

Kanizsa, G. (1955). Margini quasi-percettivi in campi con stimolazione omogenea. *Rivista di Psicologia, 49*, 7–30.

木村直之（編）(2019). ニュートン別冊　ゼロからわかる心理学　知れば知るほど面白い！　心と行動の科学　ニュートンプレス

楠見　孝（編）(2018). 心理学って何だろうか？　四千人の調査から見える期待と現実　日本心理学会監修　日本心理学会　心理学叢書　誠信書房

Maslow, A. H. (1954). *Motivation and personality* (2nd ed.). New York: Harper & Row.（小口忠彦（訳）(1987).〔改訂新版〕人間性の心理学　産能大学出版部）

増田知尋・長田佳久 (2011). 心理学ミュージアム　心理学ワールド, *53*, 2–3.

Noddings, N. (1993). *Educating for intelligent belief or unbelief*. New York: Teachers College Press.（井藤元・小木曽由佳（訳）(2020). 人生の意味を問う教室　春風社）

Rogers, C. R. (1951). *Client-centered therapy*. Boston, MA: Houghton Mifflin.（保坂　享・諸富祥彦・末武康弘（共訳）(2005). クライアント中心療法　岩崎学術出版社）

下山晴彦・子安増生（編）(2002). 心理学の新しいかたち―方法への意識　誠信書房

鈴木直人・内山伊知郎 (2014). 心理学とは　岡市廣成・鈴木直人（監修）青山謙二郎・神山貴弥・武藤崇・畑　敏道（編）　心理学概論［第2版］(pp. 1–16) ナカニシヤ出版

大山　正 (2010). 心理学史―現代心理学の生い立ち　梅本堯夫・大山　正（監修）コンパクト新心理学ライブラリ15　サイエンス社

サトウタツヤ・高砂美樹 (2003). 流れを読む心理学史―世界と日本の心理学　有斐閣

吉村浩一 (2016). 東北大学に残る心理学古典的実験機器の再検討―2015年の現地調査により得られた新しい知見―　法政大学文学部紀要, *72*, 147–160.

吉村浩一 (2017). 輸入された5台すべてが現存する『ヒップのクロノスコープ』　心理学ワールド, *79*, 2–3.

吉村浩一 (2018). 日本に残されたタキストスコープの歴史を遡る　心理学ワールド, *81*, 2–3.

第1章　あなたとわたしが感じる世界

感覚・知覚の心理学Ⅰ

1．心理学における感覚・知覚

　心理学は，人間の心や意識と行動のかかわりを調べる学問である。このような心理学の中で，「知覚心理学」は実は古くからある分野である。感覚・知覚の分野では，周囲からの情報の入力を受け取る器官である眼の構造を学び，その情報を処理する脳の知覚システムについての理解を目指す。このような話をすると，感覚・知覚の研究は医学系や理工系の分野のように感じられる。では，なぜ感覚・知覚を心理学では古くから扱ってきたのだろうか。その問いの答えは，周囲を認識する知覚の仕組みが意識や行動と深く関わるからである。

　外界からの感覚の情報が人間の意識にとって重要であることは，**感覚遮断実**

図1-1　ミュラー・リヤー錯視

2つの図形はそれぞれ主線と呼ばれる線分と矢羽で構成されている。主線の長さはどちらも同じであるが，外向きの矢羽を付けると長く，内向きの矢羽を付けると短く見える。

験[1]（Heron, 1957）を見ても明らかである。この実験では参加者の見る，聞く，触るといった感覚からの情報が入らないように制限すると，数日で思考に乱れや空白が生じるようになるなどの状態に陥ることを報告している。正常な心理状態を保つためには，周りからの適度な感覚の入力が必要なのである。また，人間は環境に適応するように行動するため，外界の知覚によって行動が変化するといえる。しかし，図 1−1 の図形のように実際の刺激と見え方が異なる**錯視**と呼ばれる現象が起こることから，人間が知覚している世界は実際の情報をそのまま反映しているわけでない。つまり，人間の行動の背景にある心理状態を考えるうえで，実はどのように世界を知覚しているかという問題はとても重要なのである。もし人間の知覚が周囲をそのまま映し出すビデオカメラのようなものであれば，感覚・知覚は心理学の研究分野にはならなかったかもしれない。

　ところで，**感覚**という言葉はよく聞くと思うが，**知覚**という言葉は普段どれくらい聞くだろうか。筆者はもちろん知覚の研究者であるため馴染みのある言葉ではあるが，一方で普段の生活ではあまり聞かない言葉であるとも感じている。感覚と知覚は別の言葉として使ってはいるが，両者の区別は難しい。感覚は物理的な刺激の入力が感覚受容器（たとえば眼）を経て大脳の感覚中枢に至るまでの過程を指し，知覚はこの感覚の過程を含むより総合的な過程と定義される（増井，1994）。また，感覚は信号の入力というニュアンス，知覚は意識の成立というニュアンスに寄っているともいえる（村上，2019）。しかし，一連の情報処理の過程と考えればこのような分け方は便宜的なものに過ぎず，用語として区別するのはあまり意味がないのかもしれない。

　最後に，私たちの知覚がビデオカメラのように周囲を映し出さないのは，一連の情報処理システムとして効率よく信号を処理しているためである。本章では，効率的な情報処理が生み出している様々な知覚の特性を，視覚の例を中心に説明していく。

1　現在は倫理上，禁止されている実験である。研究倫理については第12章も参照。

2．知覚の一般特性

(1) 順　　応

　人間は同じ刺激を長時間出されると，一般的に感度が低下する。たとえば，赤い色を見続けていれば赤に対する感度が低下し，見ている色の赤みが減少する。このような感度の低下は，**順応**と呼ばれる。馴染みのある順応として，暗順応と明順応がある。暗順応とは，明るい所から暗い所に移動した場合，最初は何も見えないが時間が経つにつれてだんだんと目が慣れてくる現象である。対して，暗い所から明るい所へと移動した場合に目が慣れる現象を明順応と呼ぶ。

　暗順応と明順応は順応という名前は付いているが，感度が変化しているわけではなく，明所で機能する受容器（**錐体**）と暗所で機能する受容器（**桿体**）が切り替わっているのである。つまり，順応という機能は私たちの知覚を一定に保つためにある。これは後ほど紹介する恒常性にも関わっている（乾，1994）。また，同じ刺激に対して順応を起こすことで，異なる刺激の出現などの変化を見つけやすくする役割もあると考えられる。

(2) 残　　効

　順応によって，知覚の興味深い特性を垣間見ることができる。一定方向の動き（たとえば，滝の水が上から下へ流れ落ちるような運動）を見続けた後に止まっている物体を見ると，その物体が見続けていた動きとは逆方向に（たとえば，下から上へ）動いているように感じられる。これは運動残効と呼ばれる現象であり，人間がもつ運動を検出する機構（検出器）のバランスが崩れることによって起こると考えられている（Anstis et al., 1998; Mather et al., 2008）。つまり，順応によってある方向への運動の検出が弱まることで，相対的に反対方向の運動の知覚が強くなるのである。ここからわかることは，止まっている物体を見ているときでも運動の検出器が働いており，反対方向同士の検出器の活動が相殺し合うことで「静止」という知覚を作り出しているのである。このような**残効**は，色など他の順応が起こった場合にも見られる。

（3）対　　比

　知覚システムには，違いを強調する対比と呼ばれる機能も備わっている。例えば，図1-2を見てほしい。図1-2aはコフカのリングと呼ばれる図形だが，中の灰色のリングの明るさが左右で違って見える。しかし，実際には2つのリングは同じ明るさ（輝度）であり，対比によって周りの四角の明るさとの差が強調されることによって，左右で違っているように見えるのである（周りが明るい白である左のリングはより暗く，暗い黒である右のリングはより明るく見えている）。図1-2bはエビングハウス錯視と呼ばれる錯視図形であり，こちらも対比によって2つの図形の真ん中にある円の大きさが違って見える（紙で周りを囲っている円を隠すと同じ大きさであることがわかるはず）。このように，対比は明るさや大きさなど様々な場面で見られる現象である。違いが強調されることで，注目する対象とそれ以外の情報との区別がしやすくなる。つまり，対比は必要な情報を効率よく処理する機能の1つであるといえる。

（4）同　　化

　違いを強調する機能が備わっている一方で，刺激同士の差異を小さくする同化と呼ばれる機能もある。図1-2cはデルブーフ錯視と呼ばれる大きさの同化によって起こる錯視である。左は二重の円，右は一重の円であるが，左の外円と右の円の大きさは本来同じである。しかし，左の外円と内円の大きさの差異が同化によって小さくなるため，このように大きさが違って知覚される（筆者としてはこの錯視の錯視量はあまり大きくないと感じており，読者によって

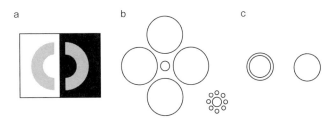

図1-2　対比と同化によって起こる錯視図形
　aはコフカのリング，bはエビングハウス錯視と呼ばれ，対比によって明るさや大きさが異なって見える。cはデルブーフ錯視と呼ばれ，同化によって大きさが異なって見える。

はあまりこの大きさの差異を感じられないかもしれない)。同化も対比と同様に，大きさ以外にも明るさや色といった様々な場面で見られる現象である。

　ここまで述べたように，エビングハウス錯視のように対比が起こる現象と，デルブーフ錯視のように同化が起こる現象の両方が存在している。それでは，同化と対比のどちらが起こるかはどのように決まるのだろうか。エビングハウス錯視では中の円と周囲の円の大きさの差異が大きく，デルブーフ錯視の二重円は大きさの差異が小さいことに注目してほしい。少なくとも大きさという知覚属性では，刺激の差異が大きいときには対比が，小さいときには同化が起こるようである。このように，わずかな条件の違いで対比と同化は切り替わると考えられている（行場，2018）。

3．知覚の恒常性

　知覚システムには周囲の情報の変化を検出するための機能が備わっている。一方で環境が変化したのではなく，私たちが動き回ることでも入力される情報が変化する。たとえば，何かを見ているとき，見る距離を変えたり少し頭を傾けたりするだけでも，見ているものの大きさや形などが変わる。また，車が遠ざかっていくとだんだんとその見えの大きさが小さくなる，ドアが開くときにその形の見え方が変わるとしても，車やドアそのものが変化しているわけではない。そのため，このような変化に対しては対象の知覚を一定に保つ必要がある。この知覚の安定性を作り出す機能を（知覚の）**恒常性**と呼ぶ。

　恒常性も，知覚の様々な場面で観察される機能である。先ほどの例のように，見ているものが私たちに近づいてくる，または見ている私たちが遠ざかると，眼の網膜に映る像（網膜像）の大きさは変化する。しかし，このような場合に私たちは観察している対象の大きさが変化したとは思わない。見かけの大きさが変わっただけで見ている対象の大きさは変化していないと認識できるのは，大きさの恒常性が働くためである。また，長方形をしているドアが半分開いているとき，網膜像は台形であるが長方形として認識できる。この働きは形の恒常性と呼ばれている。大きさや形以外にも，部屋の照明が蛍光灯であれば青白く，白熱灯であれば赤みを帯びた光で室内を照らしているが，照明の色味が変

わっても部屋の中にある物の色が変わって見えることはない。これは，色の恒
常性と呼ばれる働きが自動的に対象の色の見え方を一定に保ってくれるために
起こる。照明が明るくても暗くても白い物体は白いままに見えるように，恒常
性は明るさの知覚でも生じる。この他，眼を動かすと網膜像も一緒に動くが，
それによって物が動いていると知覚しないようにするための位置の恒常性と呼
ばれる機能もある。このように，恒常性は私たちが知覚する世界を安定したも
のにするために重要な役割を果たしている。もし恒常性が備わっていなければ，
私たちが知覚する世界はちょっと眼や頭を動かしたりするだけで変化してしま
う非常に不安的なものになってしまうだろう。

　恒常性によって起こる錯視もある。たとえば，図1-3aを見てほしい。2
つの円柱の大きさは同じに見えるはずである。それでは，図1-3bはどうだ
ろう。今度は奥の方の円柱が手前よりも大きく見えるはずである。見てもらう
とわかるように，この2つの図の違いは奥行きを感じさせる輪郭線の有無だけ
であり，円柱の大きさはどれも同じである。しかし，このように絵画で用いら

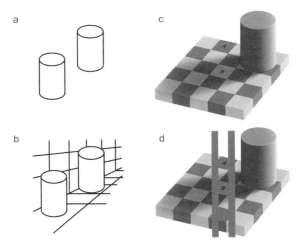

図1-3　恒常性によって起こる錯視の例
aのように同じ大きさの円柱であっても，bのように奥行きの情報があ
ると違う大きさに見えてしまう（後藤・田中，2005をもとに作成）。cは
チェッカーシャドウ錯視と呼ばれ，タイルの明るさが異なって見える
のだが，dのようにタイルをつなげると同じ明るさであることが確認でき
る（Adelson, 1995）。

れるような線遠近法で奥行きを表現すると，大きさの恒常性が働くことで円柱の大きさが違って見えるのである。また，明るさの恒常性によって生じる有名な錯視として，チェッカーシャドウ錯視がある。図1-3cのタイルAとタイルBを見比べると，Aは黒いタイルに，Bは白いタイルに見える。しかし，図1-3dで示しているように，この2つのタイルはどちらも同じ明るさである。これは，タイルBに右の円柱の影がかかっているように見えることで，明るさの恒常性が働くために起こる。影がかかると物理的な明るさはより暗くなるが，恒常性が働くことで本来の明るさに補正されて実際より明るく知覚される（Adelson, 1993）。チェッカーシャドウ錯視でも，AとBのタイルの物理的な明るさは同じであるが，Bは影がかかっているために物理的に暗くなっていて，本来はもっと明るいはずであると恒常性による補正を脳が行うので，結果的に2つのタイルの明るさが違って見えるのである。

4．知覚の補完

（1）アモーダル補完とモーダル補完

　私たちが外界の情報を知覚する場合，その情報のすべてが入力されるとは限らない。たとえば，図1-4を見てほしい。前にある物体が後ろにある物体を隠してしまっている。見えない部分があるにもかかわらずそれが何であるかを認識できるのは，隠れている部分を補う機能が存在しているからである。このように，実際には見えていない部分を補って認知することを**アモーダル補完**と呼ぶ。

　一方，序章で紹介したカニッツァの三角形のように本来は存在しないはずの輪郭線（主観的輪郭と呼ばれる）が見える場合もある。主観的輪郭が生成される補完は**モーダル補完**と呼ばれる。アモーダル補完が知覚的には見えていない補完であるのに対して，モーダル補完は知覚的

図1-4　アモーダル補完の例
写真のように前にある物体が後ろにある物体の一部を遮蔽していても，アモーダル補完によって隠れた部分も認識することができる。

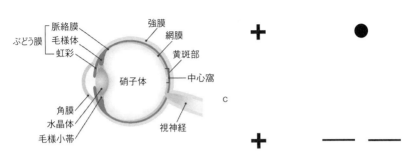

図1-5　眼の構造と盲点における補完（フィリング・イン）
a図の視神経が集まっている部分が盲点と呼ばれる。bは●が盲点に入ると消えたように見え，
cは線分の切れ目が盲点に入ると線分がつながって見える。

に見えている補完であり，主観的輪郭が知覚される場合には実際に存在する輪郭を見ているときと同じように脳が活動することを示す研究もある（Hirsch et al., 1995）。

（2）フィリング・イン

　視覚では，眼の構造上入力が行われない部分が存在する（図1-5aを参照）。眼は入力される光の情報を内側にある網膜と呼ばれる膜に投射し，網膜上の視細胞から脳に情報を送っている。この脳に情報を送る視神経が集まっている部分には網膜が存在しないため，この部分に投射された情報は入力が存在しないことになる。このような部分が存在するのは，図1-5bを試してもらえればわかるはずである。片目を隠し，左の十字を見ながらテキストを近づけたり離したりしてほしい。どこかで右の●が見えなくなるはずである。その位置では，●の部分がちょうど視神経の集まったところに投射されている。この視神経が集まった部分は盲点と呼ばれるが，普段の生活で盲点の存在を実感することはない。なぜなら，盲点の情報は周囲の情報を補われているからである。図1-5cでは，図1-5bと同じ方法で線分の途切れている部分を盲点に投射させると，線分がつながって見えるはずである。このような盲点の情報を補う働きは，**フィリング・イン**と呼ばれる（Ramachandran, 1992）。

5．知覚の測り方

　知覚のもつ特性により，エビングハウス錯視やチェッカーシャドウ錯視のような様々な錯視が起こる。それでは，錯視によってどのくらい大きさや明るさが変わっているのかを調べる方法があるだろうか。物理的に変化しているのであれば専用の器具（たとえば，長さであれば定規）などを使えば測ることができるが，あくまで錯覚によって変化して見えているだけなので，この方法では測定できない。このような錯覚によってどの程度知覚が変化したのかは，**心理物理測定**と呼ばれる測定法で調べることができる。

　心理物理測定について詳しく説明をするだけで書籍1冊分以上の分量になってしまうため，ここでは図1−1でも示したミュラー・リヤー錯視と呼ばれる錯視を使って簡単に紹介するに留める。先述のように，ミュラー・リヤー錯視は主線と呼ばれる直線に矢羽が付いた図形であり，この矢羽の角度によって主線の長さが異なって見える。錯覚によって実際とは違って見える主線の長さは，**恒常法**と呼ばれる心理物理測定を使って**主観的等価点**を求めればわかる。主観的等価点とは，基準となる刺激に対して比較する刺激が等しく感じる値のことである。恒常法では，図1−6aのように錯視図形（標準刺激）の主線と線分

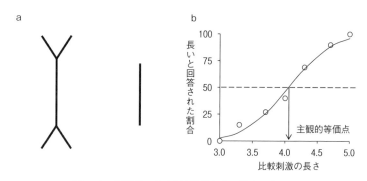

図1−6　恒常法による主観的等価点の推定方法の例
　aのようにミュラー・リヤー錯視の主線の長さ（標準刺激）と線分の長さ（比較刺激）を比べてどちらが長いかを判断させる。bのように比較刺激が長いと判断された割合にS字のカーブを当てはめ，主観的等価点（判断が50％になる長さ）を推定する。

（比較刺激）の長さの比較を繰り返し行う。このとき，標準刺激の主線の長さは常に同じ（たとえば4cm）にするのに対して，比較刺激の線分の長さは標準刺激の主線より短いものから長いものまで何種類か（たとえば3～5cmの範囲で7種類）用意する。また，標準刺激と各比較刺激との長さの比較も複数回（20～50回程度），無作為な順序で行う。つまり，比較刺激が7種類あり，それぞれ30回ずつ比較する場合は，合計で210回の比較を行うのである。比較するときには，必ず標準刺激と比較刺激のどちらが長いか（もしくは短いか）で答えてもらう。用意した各比較刺激の方を長いと判断した割合をグラフで表すと，図1-6bのようになる。実は，長さに限らず人の知覚というのはこのようなS字状のカーブが当てはまることが多い。このS字状のカーブを当てはめて，判断がちょうど50%になる長さが主観的等価点となる。

　恒常法を使うことで，錯覚によって知覚される刺激の強度を推定することができる。しかし，上記の例でも210回の比較を行う必要があるなど，簡便には実施できないといった欠点もある。そのため，本書では詳しく述べないが，極限法といったより簡便に推定できる他の方法もある。しかし，恒常法と比べると精度が劣るといった欠点もある（Gescheider, 1997）ことから，目的に合わせてそれぞれの測定方法を使い分けることが大切である。

（竹島康博）

調べてみよう，考えてみよう！

①錯視には，この章で紹介したもの以外にもたくさんの種類がある。他にどのような錯視があるのか調べてみよう。

②知覚の特性を活かしたデザインについて考えてみよう。対比を使えば周りとの差異をはっきりさせられること，錯視によって実際よりも大きく見せたりできるといった特性が利用できるだろう。

引用文献

Adelson, E. H. (1993). Perceptual organization and the judgment of brightness. *Science, 262,* 2042-2044.

Adelson, E. H. (1995). Checkershadow Illusion. http://persci.mit.edu/gallery/checkershadow

Anstis, S., Verstraten, F. A. J., & Mather, G. (1998). The motion aftereffect. *Trends in Cognitive Sciences, 2,* 111-117.

Gescheider, G. A. (1997). *Psychophysics: The fundamentals* (3rd ed.). Mahwah, NJ: Lawrence Erlbaum

Associates.（宮岡　徹・片倉憲治・金子利佳・芝崎朱美（訳）（2008）．心理物理学―方法・理論・応用（上巻）―　北大路書房）

後藤倬男・田中平八（編）（2005）．錯視の科学ハンドブック　東京大学出版会

行場次朗（2018）．感覚・知覚心理学へのいざない　行場次朗（編著）　感覚・知覚心理学（pp. 1-28）　北大路書房

Heron, W. (1957). The pathology of boredom. *Scientific American, 196*, 52-57.

Hirsch, J., DeLaPaz, R. L., Relkin, N. R., Victor, J., Kim, K., Li, T., ... Shapley, R. (1995). Illusory contours activate specific regions in human visual cortex: Evidence from functional magnetic resonance imaging. *Proceedings of the National Academy of Sciences of the United States of America, 92*, 6469-6473.

乾　敏郎（1994）．順応　大山　正・今井省吾・和気典二（編）　新編 感覚・知覚ハンドブック（pp. 324-329）　誠信書房

増井　透（1994）．認知連続体と情報処理モデル　大山　正・今井省吾・和気典二（編）　新編 感覚・知覚ハンドブック（pp. 233-251）　誠信書房

Mather, G., Paban A., Campana, G., & Casco, C. (2008). The motion aftereffect reloaded. *Trends in Cognitive Sciences, 12*, 481-487.

村上郁也（2019）．Progress & Application 知覚心理学　サイエンス社

Ramachandran, V. S. (1992). Blind Spots. *Scientific American, 266*, 86-91.

第2章　世界を彩る感覚の不思議

感覚・知覚の心理学Ⅱ

1．感覚体験の分類

　私たちの感覚を表す言葉として，「五感」という言葉はよく聞くだろう。しかし，知覚心理学の分野ではより多様な分類をしており，視覚，聴覚，嗅覚，味覚，皮膚感覚，平衡感覚，運動感覚，内臓感覚の8種類がある（図2−1）。これら8つの感覚を，その特性に応じて分類する方法がある。たとえば，外受容感覚，内受容感覚，自己受容感覚の3つに分類される。外受容感覚は体の外側にある刺激を受容する感覚で，視覚，聴覚，嗅覚，味覚，皮膚感覚の1つである触覚が該当する。対して体の内側の刺激を受容するのが内受容感覚で，内臓感覚が主なものであるが，圧覚や痛覚といった皮膚感覚の一部も該当する。自己受容感覚は自分の姿勢や動きに由来する刺激を受容する感覚で，運動感覚

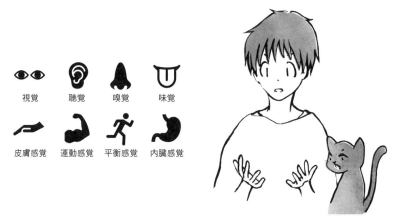

図2−1　心理学における感覚の区分

や平衡感覚が該当する。この分類の他にも，遠感覚と近感覚の2つに分類する方法もある。遠感覚は刺激の発生源が遠くにあっても感じ取ることができる感覚であるのに対して，近感覚は近くにないと感じ取ることができない感覚である。

　8つの感覚には，それぞれ**モダリティ**と呼ばれる異なる感覚体験がある。たとえば，視覚であれば明るさ，色，形などがモダリティとなる。また，それぞれの感覚が第1章で紹介した，順応，対比，恒常性といった一般特性をもっている。この章では第1章で取り上げなかった視覚以外の感覚について，一部ではあるが取り上げたいと思う。

2．聴　　覚

（1）音声の頑健さ

　私たちの周囲には，常に音が溢れている。そういった音を処理するのが聴覚である。聴覚の役目の1つは音声情報のやりとり，つまり音声によるコミュニケーションである。私たちが聞く音は，**音圧**と呼ばれる空気の圧力の変動である。この音圧を表す尺度として対数尺度である dB（デシベル）が用いられ，大きな音とか小さな音という，音の大きさを表す場合にもこの単位が使われる。0 dB は人間が聞くことのできる最小音圧に近い音の大きさを表し，私たちは最大120 dB までの範囲の大きさの音を聞くことができる。音声としては，通常の会話が60 dB 程度，ささやき声が30〜40 dB 程度の大きさとなる。

　重低音やかん高い音というような，音の高さはピッチとも呼ばれ，空気の波の周波数で表現される。音の高さを表す単位には Hz（ヘルツ）が用いられ，人間はおおよそ20 Hz から20,000 Hz 程度の範囲（**可聴域**）の音を聞くことが可能である。単一の周波数の成分しかもたない音は**純音**，複数の周波数の成分をもつ音は**複合音**と呼ばれ，私たちの周囲に溢れている音のほとんどが複合音である。人間の音声も複合音であり，複数の周波数成分から構成されている。ところが，一続きの音声（**連続音声**）は構成している周波数のうちほんの一部だけを残して他の周波数の成分を除去したとても，何と言っているかそれなりに聞き取ることができる（柏野，2010）。これは，連続音声では聞き取りを可能

にする音の特徴が広い周波数の範囲に散らばっており，構成する周波数の一部だけでも聞き取りを可能にしているのである。普段私たちが会話をするときに周囲が無音であることはほとんどなく，他の妨害音によって音声の一部がかき消される（マスキングされる）ことは起こり得る。そのような場合でも，残った周波数からでも聞き取りができるような仕組みが備わっていると考えられている。電話もこの恩恵を受けており，300Hz から3,400Hz という限られた周波数帯域しか伝送していないが，それでも会話を可能にしている。日常の会話であっても周囲の妨害音などによって相手が発した音声の信号を十全に受け取ることができない。人間は，そのような音声信号の欠如に対して様々な情報を使うことで対処し，頑健な音声の知覚を保っているのである。

（2）聴覚的補完

　音声の知覚では，録音した音声の信号の一部を削除して無音にし，代わりに雑音を挟んでももとの音声を聞き取ることができる。むしろ，雑音を挟まずに無音のままの方が聞き取りがしにくい。この現象は**音韻修復**と呼ばれる（柏野，2005）。ただし，挟み込む雑音は何でもよいわけでなく，いくつかの要件を満たす必要がある。まず，雑音が削除された音声の周波数帯域を含んでいなければならない。また，雑音の音圧のレベルが十分に大きいことも必要となる。さらに，音声と雑音との間に時間的なギャップがある，つまり無音の区間が存在してしまうと修復が起こらなくなってしまう。もとの音声の削除部分の長さも200～300ミリ秒程度以下である必要があり，削除部分があまり長すぎても修復が起こらなくなってしまう。逆に，これらの要件を満たしているのであれば，挟み込む音が雑音である必要はない。このような雑音による無音部分の音の復元は，聴覚における補完現象といえる。

　聴覚的な補完は，音声だけでなく音楽や環境音といった他の音でも起こる。これらの効果は総称して**連続聴効果**，あるいは聴覚誘導と呼ばれる（柏野，2010）。周波数が連続的に変化する音を使った連続聴効果では，時間に関する不思議な現象が報告されている。まず，周波数が滑らかに上昇する音の信号の途中を100ミリ秒程度削除し，代わりに上記の要件を満たす雑音を挿入すると，連続聴効果によって削除部分の音もつながった滑らかに上昇する一連の音が聞

こえる（図2-2a）。今度は，雑音の挿入箇所までは先ほどと同じ周波数が滑らかに上昇する音を用意し，雑音の後の部分は滑らかに下降する音に変えてみる。すると，連続聴効果によってやはり削除部分がつながり，最初に高さが上昇し，途中から下降する一連の音が聞こえるはずである（図2-2b）。ここで思い出してほしいのは，この2つのパターンはともに雑音の終了までは全く同じ音の信号ということである。つまり，雑音の後の音を聞かなければ無音部分をどのように復元すればよいかがわからない。このような**後付けの知覚**が成立するのは，人間が感覚器官に入力された情報を順番に処理しているのではなく，ある範囲の情報をまとめて処理しているためである。

（3）無限音階

　高さが滑らかに変化する音を使うことで，連続聴効果による復元が後付けで行われることを紹介したが，音の高さについては他にも興味深い現象がある。

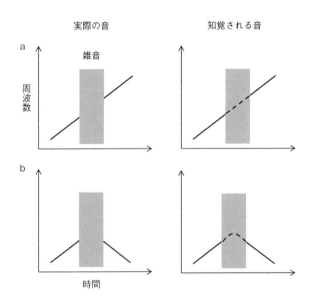

図2-2　連続聴効果に見られる後付けの知覚（柏野，2010を基に作成）
aは滑らかに上昇する一連の音に聞こえる。bは最初に上昇し，途中から下降する一連の音に聞こえる。

音の高さは周波数で決まり，周波数が大きくなるとともに音も高くなる。ところが，周波数がちょうど2倍になったときに「元に戻る」ように感じる。周波数が2倍になる音程関係はオクターブと呼ばれ，このような現象はオクターブの類似性と名づけられている（岩宮，2011）。音楽で使われる階名（ドレミ）は，オクターブの類似性を前提に決められている（たとえば，ピアノの真ん中のラの周波数は440Hzで，その1オクターブ上のラの周波数は880Hz）。この性質を利用して，基準となる周波数（たとえば，440Hz）の強さを1とし，そこから1オクターブ離れている周波数は0.8の強さに，2オクターブ離れている周波数は0.6の強さのようにオクターブ離れるごとに弱くして合成音を作ると，漠然とある音階（基準の周波数が440Hzであれば「ラ」）に聞こえる音を作成できる。これを「ド」から「シ」まで作成して音階の順番（ドレミの順）に繰り返し鳴らしていくと，無限に音が高くなるように聞こえる。これが**無限音階**（Shepard, 1964）と呼ばれる現象である。この現象は，音の高さの知覚には周波数に基づく一方向の性質と，オクターブに基づく循環する性質があることを示している。無限音階については，この文章の説明だけではなかなか理解するのが難しいと思う。YouTube等で検索してもらえればすぐに動画が見つかると思うので，実際に体験してみてほしい。

3. 触　覚

　触覚という言葉はよく聞くであろう。しかし，その意味するところは少し複雑である。一般的にイメージする触覚は，触れる，もしくは触れられることによって感じる圧力のことを指すだろう。これは，本章の第1節で紹介した感覚の分類における皮膚感覚のごく一部である。一方，より広い感覚を指して触覚と定義することも可能である。皮膚感覚と自己受容感覚（運動感覚と平衡感覚）といった身体で感じる感覚一般を体性感覚と呼ぶ。体性感覚にも手の動きや皮膚の接触で得られる感覚が含まれるため，これらの感覚一般を総称して触覚と呼ぶこともできる（渡邊，2014）。ここでも，体性感覚を含むより広い意味での触覚について述べていきたいと思う。

　触覚は，皮膚の表面付近やより内部にある受容器が「圧」や「振動」といっ

た様々な皮膚変形に対して反応することによって生み出される。これらの受容器の反応を組み合わせることで，触れた，もしくは触れられた物体の凹凸や粗さなどを知覚することを可能としている。その他，触知覚には温度や痛みを感じる神経線維からの信号も使われている。手指などを使って物体に触れることによって対象の存在やその特性を感じることができるが，その知覚は日常の経験の影響を強く受けている。日常ではあまり起こらないような触刺激を与えることで様々な**触覚の錯覚**が生じることがその根拠といえる。たとえば左右どちらの手でも構わないが，人差し指と中指を交差させて自分の鼻先を挟んでみてほしい。人によっては自分の鼻が2つあるように知覚されるのではないだろうか。これは，アリストテレスの錯覚と呼ばれている現象である。通常，人差し指と中指を交差させて物に触れるということはあまりなく，交差しない状態でそれぞれの指の外側が刺激されるという状態は物体が2つ存在しないと起こらない。そのため，このような指の状態で鼻を挟むと2つあるように感じるのである。他にも，図2-3aに示した魚の骨のような形状のテクスチャを矢印の方向になぞると凸になっているはずの背骨部分が凹んでいるように感じられるフィッシュボーン錯覚（Nakatani et al., 2006）や，テニスラケットのガット部分のような形状（図2-3bを参照）を両手でこすると手の間にベルベット上の物体があるような感覚が生じるベルベットハンド錯覚（Ohka et al., 2010）

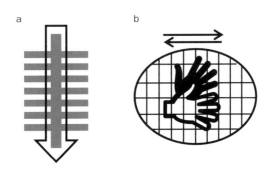

図2-3　触覚の錯覚現象

aはフィッシューボーン錯覚と呼ばれ，魚の骨のようなテクスチャを矢印の方向になぞると，凸である背骨部分が凹んで知覚される。bはベルベットハンド錯覚と呼ばれ，テニスラケットのガット部分のような形状の刺激を両手で挟んでこすると，両手の間にベルベット状の物体があるように知覚される。

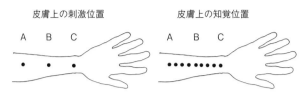

図2-4　皮膚ウサギの説明図

左が実際に刺激される位置を，右がその際の知覚される位置を示す。

といった現象が報告されている。いずれも，日常ではあまり起こらないような触刺激を与えることで，異なる触知覚が錯覚として生じることを示している。

　触覚でも，聴覚の連続聴効果に見られるような後付けの知覚が生じる。前腕の肘側から手首側にかけて等間隔に3点を設定し（図2-4を参照），同じ時間間隔でA点，B点，C点を3回ずつ順番にペンなどで叩いてみる。すると，刺激位置は3点のはずなのに手首から肘に向かって異なる9点を順番に叩かれたように知覚される。これは皮膚ウサギと呼ばれる現象（Geldard & Sherrick, 1972）で，B点の刺激がないとA点からの移動方向が決定されないはずなのに，滑らかに連続的に知覚されることから，後付けの知覚が生じている。このように，触覚もある範囲の情報をまとめて処理している。

4．嗅覚と味覚

　嗅覚と味覚はともに化学物質を受容する感覚である。嗅覚は，揮発性の化学物質を受容器で検知することで，周囲の危険といった環境の情報を受け取っている。嗅細胞は鼻の奥にある嗅上皮と呼ばれる箇所に密生し，その奥は嗅球と呼ばれる脳内の領域になっている。嗅球からは嗅覚野と呼ばれる嗅覚を処理する脳部位へと信号が伝達されるが，それだけでなく感情や記憶に関わる脳部位にも信号が伝わることがわかっている。そのため，嗅覚への刺激はプルースト効果（第4章を参照）のように感情の喚起や記憶の想起とも関連すると考えられる。味覚は水溶性の化学物質を受容器で検知することで，体内に取り入れるか否かの判断を行うための情報を受け取っている。嗅覚も周囲に危険な物質が存在しないかといった情報処理を行っているが，味覚は体内に取り入れるかの

判断を誤ると死に直結することもあるため，より私たちの生存に関わる感覚といえる。味覚信号は甘味，塩味，酸味，苦味，うま味という5種類の**基本味**に分かれて受容されると考えられている。それぞれが，人間にとってエネルギー源や有害物質等となる化学物質の存在を示唆する情報となっている。

　嗅覚や味覚でも，他の感覚と同様に順応が起こる。特に嗅覚は順応が起こりやすい感覚であり，早ければ数分ほどで順応が起こる。狭い空間に香水のきつい人が来たとき，悪臭のする公衆トイレに入ったときに，最初はその匂いがとても気になってもすぐに感じなくなることは多くの読者が経験しているだろう。また，嗅覚はより長期の順応効果が続く場合も存在し，慣れ親しんだ匂いにはほとんど感じない。読者も自宅の部屋の匂いは感じなくても，知人の家などに行くと独特の匂いを感じたことがあるだろう。これは，自宅も同様に独特の匂いがあるが，頻繁に嗅ぐ既知の匂いのため感じなくなっているのである。ただし，このような長期の順応は「**慣れ**」という別の現象として区別されることもある（中野・斉藤，2018）。味覚も同様に同じ味物質の刺激を受け続けると感覚強度が下がっていくが，この他にも同じものを食べ続けているとおいしさが減少する。これは**感性満腹感**と呼ばれる（Rolls et al., 1981）。感性満腹感は味覚の順応とよく似た現象ではあるが，その原理は異なるようである。

　嗅覚と味覚という2つの感覚は，非常にかかわりが深い。私たちが普段感じている食物の風味，つまり「あじ」というものが単純に味覚への刺激だけで決まるわけではなく，匂いという嗅覚への刺激の影響を強く受けている（Kakutani et al., 2017）。嗅覚の入力経路には，外からニオイ物質が鼻に入る前鼻腔経路以外に，喉の奥からニオイ物質が入る後鼻腔経路が存在する。食物を食べる際には後鼻腔経路からの刺激が必然的に起こるため，「あじ」の知覚には味覚だけでなく嗅覚の情報も関わるのである。風邪や花粉症などで鼻詰まりを起こしたときに食物が味気ないと感じるのは，嗅覚からの情報が弱まってしまうためである。また，図2-6に示すように，原材料が同じにもかかわらずかき氷の味が違って感じられるのも，香料による匂いが異なっているためである（ただし，かき氷の場合には着色料による色の違いの情報も関わっている）。

図2-6　3種類のかき氷シロップの原材料表記
3種類の異なるシロップの原材料名を見ると，着色料の成分以外はすべて同じであることがわかる。

5．多感覚知覚

（1）感覚同士のつながり

　私たちが感じる「あじ」が味覚だけでなく嗅覚の情報も使って形成されているように，感覚同士は互いに影響し合っている。このような現象は**多感覚統合**，あるいは**異種感覚間相互作用**などと呼ばれており，様々な感覚同士の影響を調べる研究が2000年以降増えている（Stein, 2012）。

　異なる感覚同士が影響し合う現象として有名なものは，まず腹話術効果であろう。これは実際に腹話術師が行っているものであるが，実際に音が出ている場所（音源）と音が出ているように見える場所（見かけの音源）が異なっている場合に，見かけの音源から音が出ているように知覚される現象である（Jack & Thurlow, 1973）。腹話術師の場合，腹話術師の口が音源，人形の口が見かけの音源となる。私たちが普段見ているテレビでも，スピーカーは本体の下側

に付いていることが多いが，話し声は画面に映っている人物の口から発しているように聞こえる。これは，日常生活の中で起こる腹話術効果である。

　腹話術効果は視覚と聴覚に関わる異種感覚間相互作用であるが，他の感覚同士が影響し合うものも紹介しよう。視覚と体性感覚が影響し合うことで起こる現象に，ラバーハンド錯覚と呼ばれるものがある。これは，目の前にゴムでできた偽物の手（ラバーハンド）を置き，本物の手は衝立などで見えないようにした状態で絵筆などを使ってラバーハンドと本物の手を同時に刺激すると，ラバーハンドがあたかも自分の手であるかのように感じられるという現象である（Botovinick & Cohen, 1998）。また，ラバーハンド錯覚によって錯覚が起こった手の指の位置がラバーハンドのある方向に数 cm ほどずれて感じられる自己受容感覚のドリフトが起こることも報告されている（Tsakiris & Haggard, 2005）。この他にも，聴覚と皮膚感覚，視覚と味覚といった組み合わせでも知覚が変化することから，異種感覚相互作用が起こる感覚同士の組み合わせにはほとんど制限がないといえる。

（2）感覚同士の関係性

　私たちは，情報処理の約 8 割を視覚に頼っているといわれている。先に紹介した腹話術効果やラバーハンド錯覚は，視覚が聴覚や体性感覚の知覚を変化させる現象である。そのため，視覚が関わる異種感覚間相互作用ではほとんどが**視覚優位**となると考えられていた。しかし，その後聴覚が視覚の知覚に影響を与える現象が報告されたことから，視覚優位という単純な関係性ではないことが明らかとなり，その後の異種感覚間相互作用の研究へとつながっていった。それでは，感覚同士にはどのような関係性があるのだろうか。

　この問題を考えるうえで，まず flutter driving と時間腹話術効果という 2 つの現象について紹介したい。これらは，いずれも聴覚が視覚の提示タイミングの知覚に影響する現象である。Flutter driving は，点滅する短い光（flicker）と連続して鳴る短い音（flutter）を提示し，flutter のテンポをだんだん速く，もしくは遅くするとそれに合わせて flicker の点滅頻度の知覚も変化するという現象である（Shipley, 1964）。時間腹話術効果は，その名称の通り時間に関する腹話術効果であり，光の出現タイミングが付随する音のタイミングに引っ

張られる現象である（Morein-Zamir et al., 2003）。腹話術効果は音源の位置という空間情報が視覚に引っ張られる現象であったが，flutter driving や時間腹話術効果では光の点滅頻度や出現タイミングといった時間情報が聴覚に引っ張られる現象である。もともと，視覚は「どこ」という空間情報の精度が聴覚よりも高いのに対して，聴覚は「いつ」という時間情報の精度が視覚よりも高い。つまり，感覚同士には精度が高い方が劣る方に影響を与えるという関係性があることがわかる（Welch & Warren, 1980）。

　しかし，常にこの情報に対して優位な感覚が影響を与えるという関係性が見られるわけではない。和田ら（Wada et al., 2003）は flutter の変化がわかりにくく flicker の変化がわかりやすいと，flutter 頻度の知覚が flicker に引っ張られることを報告している。これは，異種感覚間相互作用が知覚に対するそれぞれの感覚の優位性だけで決まるのであれば起こり得ない結果である。ここで重要なのは，flutter の変化よりも flicker の変化の方が顕著であったということである。つまり，異種感覚間相互作用では単純に情報に対して優位な感覚がもう一方の感覚が影響するのではなく，相対的に信頼性の高い感覚の情報が重視されると考えられている。

（3）多感覚知覚の起源

　異なる感覚同士が影響し合うのは，視覚や聴覚といった各感覚の処理を担う脳の領域同士につながりがあるためと考えられている。もともと，生まれたばかりの頃（新生児期）はそれぞれの感覚の処理を担う脳領域がはっきりとは分かれていない。そのため，ある感覚の入力によって別の感覚のモダリティが得られる，いわば**共感覚**のような体験をしていると考えられている。しかし，発達に伴ってだんだんと脳領域の役割分担が明確になり，異なる感覚を担う領域同士の結合が弱まっていく。それによって共感覚的な体験は減っていき，入力に対応した感覚体験をするようになる。なお，この異なる感覚を担う領域同士の結合がより強く残っているのが，いわゆる共感覚者と呼ばれる人たちである。しかし，多くの人もこの結合が完全になくなるわけではなく，その一部は残り続ける。この残存した脳領域の結合が異種感覚間相互作用の基盤となっていると考えられている。

　異なる感覚の処理を担う脳領域の結合が残存するのは，頑健な知覚を効率よく形成するためであると考えられる。相対的に信頼性の高い感覚の情報を重みづけることで，他方の感覚の情報の曖昧さを補うことが可能となると考えられる。実際，ノイズを重ねることで聞き取りづらくした音声に唇の動きの情報を同時に与えることで聞き取りが改善する（Sumby & Pollack, 1954），非常に弱い光に音を合わせて提示することで光が実際よりも強く知覚される（Stein et al., 1996）といった，この考えをより直接的に支持する現象も報告されている。

（竹島康博）

調べてみよう，考えてみよう！

①この章では取り上げられなかった平衡感覚や運動感覚といった感覚にはどのような特徴があるのか調べてみよう。

②多感覚知覚を日常生活でどのように役立てられるかを考えてみよう。醤油の匂いを付けることによって少ない塩分で塩味を感じさせられるといった現象が考えるヒントになるだろう。

引用文献

Botovinick, M., & Cohen, J. (1998). Rubber hands 'feel' touch that eyes see. *Nature, 391*, 756.

Geldard, F. A., & Sherrick, C. E. (1972). The cutaneous "rabbit" : A perceptual illusion. *Science, 178*, 178-179.

岩宮眞一郎（2011）．図解入門 よくわかる 最新 音響の基本と応用　秀和システム

Jack, C. E., & Thurlow, W. R. (1973). Effects of degree of visual association and angle of displacement on the "ventriloquism" effect. *Perceptual and Motor Skills, 37*, 967-979.

Kakutani, Y., Narumi, T., Kobayakawa, T., Kawai, T., Kusakabe, Y., Kunieda, S., & Wada, Y. (2017). Taste of breath: The temporal order of taste and smell synchronized with breathing as a determinant for taste and olfactory integration. *Scientific Reports, 7*, 8922.

柏野牧夫（2005）．音韻修復―消えた音声を修復する脳―　日本音響学会誌，*61*，263-268.

柏野牧夫（2010）．音のイリュージョン―知覚を生み出す脳の戦略―　岩波書店

Morein-Zamir, A., Soto-Faraco, S., & Kingstone, A. (2003). Auditory capture of vision: Examining temporal ventriloquism. *Cognitive Brain Research, 17*, 154-163.

中野詩織・斉藤幸子（2018）．においの知覚　斉藤幸子・小早川　達（編）　味嗅覚の科学―人の受容体遺伝子から製品設計まで―（pp. 8-34）　朝倉書店

Nakatani, M., Howe, R. D., & Tachi, S. (2006). The fishbone tactile illusion. *Proceedings of EuroHaptics*, 69-73.

Ohka, M., Kawabe, Y., Chami, A., Nader, R., Yussof, H. B., & Miyaoka, T. (2010). Investigation on velvet hand illusion using psychophysics and fem analysis. *International Journal on Smart Sensing and Intelligent Systems, 3*, 488-503.

Rolls, B. J., Rolls, E. T., Rowe, E. A., & Sweeney, K. (1981). Sensory specific satiety in Man. *Physiology & Behavior, 27*, 137-142.

Shepard, R. N. (1964). Circularity in judgments of relative pitch. *Journal of the Acoustical Society of America, 36*, 2346-2353.

Shipley, T. (1964). Auditory flutter-driving of visual flicker. *Science, 145*, 1328-1330.

Stein, B. E. (2012). Introduction. In B. E. Stein (Ed.), *The new handbook of multisensory processing* (pp. xi-xvi). London: The MIT Press.

Stein, B. E., London, N., Wilkinson, L. K., & Price, D. D. (1996). Enhancement of perceived visual intensity by auditory stimuli: A psychophysical analysis. *Journal of Cognitive Neuroscience, 8*, 497-506.

Sumby, W. H., & Pollack, I. (1954). Visual contribution to speech intelligibility in noise. *Journal of the Acoustical Society of America, 26*, 212-215.

Tsakiris, M., & Haggard, P. (2005). The rubber hand illusion revisited: Vesuotactile integration and self-attribution. *Journal of Experimental Psychology: Human Perception and Performance, 31*, 80-91.

渡邊淳司 (2014). 情報を生み出す触覚の知性―情報社会をいきるための感覚のリテラシー―　化学同人

Wada, Y., Kitagawa, N., & Noguchi, K. (2003). Audio-visual integration in temporal perception. *International Journal of Psychophysiology, 50*, 117-124.

Welch, R. B., & Warren, D. H. (1980). Immediate perceptual response to intersensory discrepancy. *Psychological Bulletin, 88*, 638-667.

第3章　人間特有の情報処理をのぞいてみよう
認知と感情の心理学

1．認知の仕組み

　「認知」という単語を耳にして，読者は何を思い浮かべるだろうか。一般的な使用例は，「彼の善行がようやく世間で認知され始めた」，「彼はその赤ちゃんを自分の子だと認知した」などがあげられる。「認める」という要素が色濃いようだ。しかし，心理学でいう認知はこれらの例にはおおよそ当てはまらない。広義にいえば外界や対象物をとらえて認識することなのだが，それでも認知を正確にとらえているとはいい難い。つまり，「認知」は意味の理解が非常に難しい単語なのである。あえて心理学における認知を一言で説明するとすれば，「知覚・記憶・思考・判断など，脳の中で行われる心的機能の総称」とでもなるだろうか。もっと平易にいえば，「私たちは様々かつ複雑な情報処理を脳の中で行っていて，そのすべてに関わるもの」になるかもしれない。

　私たちは視覚や聴覚を通じて，日々夥しい量の情報に晒されている。たとえば，「鳥」という漢字を取り上げると，私たちはその漢字を読むことができるし，何を指し示しているのか理解することもできる。しかし，「鳥」という漢字がどのような線で構成されていて，どのように配置されていて，どのような色で書かれていて…といった様々な特徴がわからなければ，読むこともできないし意味も理解できない。このように，入力された情報がどのような特徴をもつかをとらえる機能が「感覚」であり，認知への最初の入口として位置づけられる。

　そして，それら多くの情報が脳へ送られ，その中からまとまりのあるものとして把握する働きが加えられる。これが知覚過程であり，認知過程への一歩手前となる。知覚過程で私たちは情報の中からまとまりのあるものとして把握す

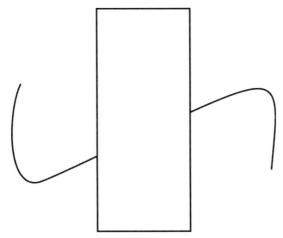

図3-1　実際には存在しない長方形の裏にあるつながり

るわけだが，私たちに好都合となるよう勝手気ままに把握しているわけではなく，ある一定の法則性のもとで把握していることが明らかになっている。言い換えると，知覚過程で把握されるものは，外界の忠実な模写ではないということだ。たとえば，図3-1を見てほしい。長方形の左右に2本の曲線があり，これらは長方形の裏でつながっているように見えるはずだ。しかし，実際にはつながりなど存在せず，曲線が2本あるのみだ。このように，私たちは物理的に何も存在しないところでさえ，形を知覚することができる。

　最終的に，私たちは知覚過程で処理した情報に対して，記憶に基づいてその情報収集を選択したり，蓄積したり，検索して外部へ出力したりする。これが認知過程にほかならない。この認知過程にも様々な情報処理の流れがあり，刺激特徴を詳細に分析して特徴を引き出してまとめて統合・認識するという**ボトムアップ処理**と，文脈などと記憶とを照合することによって認識するという**トップダウン処理**が有名である。たとえば，図3-2を見てほしい（Selfridge, 1955）。多くの人は図3-2が示す英単語の日本語訳は「ネコ」だと思うはずだ。しかし，よく見るとHなのかAなのか判別がつかない文字が2単語それぞれの中央に位置している。もしもボトムアップ処理に立脚して文字を1つ1つ順番に処理していくとすれば，T, H/A, E, C, H/A, T が抽出され，到底「ネコ」と

図3-2　全く同じ形なのに，HにもAにも見える文字 (Selfridge, 1955)

理解されることはないだろう。一方，トップダウン処理に立脚して，このHなのかAなのかよくわからない文字を含む2単語の文脈を勘案しながらこれまでの記憶と照合すると，「ネコ」だという理解が実現される。このように，私たちの認知における情報処理は非常に複雑なのである。

2．顔の認知

（1）顔はなぜ特別か

　たとえば，駐輪場にずらりと停められた自転車の中から自分のものを見つけ出すことができるように，同じ種類の物の中から特定の個を認識する作業は日常にあふれている。それでは，人ごみで友達の顔を見つけるのは自転車の認知と同じなのだろうか。ここ30年余りの研究で，顔は私たちにとって特別な刺激であり，**顔認知**のメカニズムは他の物体の認知メカニズムとは異なることを示す事実が次々と見つかってきた。まず，顔は表情や視線といったメッセージ性のある情報を伴う。顔認知のプロセスでは，「誰の顔か」だけでなく，その人の心情や意思なども同時に読み取られる。また，顔は動きを伴う。表情や視線の動きはもちろん，話すときの口の動きや顔の傾け方などにもその人らしさが表れる。換言すると，顔は他の物体よりも実に多くの情報を含む視覚刺激なのだ。

　同じ種類に分類される物体には共通の構造が存在する。たとえば，自転車なら前後に車輪があり，前方にハンドル，中部にサドルがある。顔であれば目が左右に1つずつ，鼻が顔の中央に1つ，口はその下に1つ，という構造は共通だ。しかし，個々のパーツは個人で形が異なり，パーツ配置のバランスも異なるため，顔は千差万別だ。私たちが特定の個を認識するとき（物体でも顔でも），パーツの配置を含めた全体像をとらえて判断を下すときもあれば，個々のパーツ形状に注目して判断するときもある。これらを**全体処理**と**部分処理**と

図3-3　菅総理大臣（2021年3月現在）の正立顔と倒立顔
正立顔ではすぐに菅総理大臣だとわかるが，倒立だとなかなか
わからない。

いう。顔が特別であることを示す現象に，全体処理の重要性があげられる。全体処理が妨げられると個を認識する正確性は下がるが，顔認知での低下率は物体認知の場合よりも非常に大きい。認知すべき物体を逆さまにすると，普段見慣れた全体的な構造を把握しにくくなるため全体処理が妨げられる。逆さまになった刺激を認知する方が，正立した刺激を認知するよりも難しく，成績も悪くなることを倒立効果と呼ぶ（図3-3）。顔認知は物体認知よりも強く倒立効果の影響を受けることから，顔認知は全体処理にかなり依存すると主張されている（Yin, 1969）。

　神経科学研究により，顔認知の際に特に活性化する脳の部位が見つかった。大脳皮質の腹側にある紡錘状回は，物体よりも顔を見たときに強く活性化する。また，この部位の損傷は顔に特化した認知障害である，相貌失認を引き起こす場合がある。

（2）顔認知の仕組み

　顔でも文字でも物体でも，それが何であるかを認識するには記憶に蓄えられている知識と目に入った情報とを照合する必要がある。では，これらに関する記憶はどうなっているのだろう。例えば文字であれば様々なフォントや筆跡で書かれたものを認識できるが，だからといってそれら1つ1つが独立して記憶されているわけではない。その文字に関する多くの経験を通して文字の普遍的な特徴が抽出され，抽象化された記号のような形で記憶されるのだ。これを**表**

象という。文字が目に入ったときには，その形状と記憶の中の数ある表象が照合され，適合するものが特定される。表象が抽象化された特徴を示すからこそ，見慣れない筆跡の文字でも認識が可能なのだ。実は，顔にも同様のメカニズムが働いている。人の顔は角度や光の当たり具合，または髪型やメイクの変化などで見え方が大きく変わる。同じ人の顔を様々な状況で見ると，一時的な変化に影響されない普遍的な特徴が抽象化され，表象が形成される。限られた状況でしか見たことがない顔ではその経験のみに基づいた表象が作られる。私たちが顔を見たときにはそのイメージがいくつもの表象と照合され，適合したものがあれば「知っている顔だ」と判断される。さらに，顔の表象はそれに関連する様々な言語的情報（その人の職業，自分との関係性，性格，名前など）とも結びついている。そのため，顔を見ればその人の様々な情報を想起できる。同時に，特定の言語情報（たとえば「俳優」）を見聞きするとそれと関連する顔をイメージすることができる（Bruce & Young, 1986）。

（3）名前の記憶

　顔に付属する言語的情報のうち，名前は特に思い出しにくい。その理由は，名前が持ち主の特徴を何も示さないからだ。偶然に名前と容姿に関係がある場合を除けば（例えば，細い体型の細嶋さん），名前からは本人のありかたに関する情報は何一つ得られない。実際に英語圏で行われた研究で，名前にも職業にもなりうる語（Baker, Carpenter など）を名前として記憶した場合と職業として記憶した場合とでは，後者の方がよく思い出された。つまり，名前が覚えにくいのは単語の特徴によるものではないのだ（McWeeny et al., 1987）。

（4）顔認知の正確性

　私たちは非常に多くの顔を知っている。実際に会ったことのない芸能人の顔なども含めれば膨大な量だ。また，私たちは自分のよく知る人をとても正確に認識できる。何年も会っていなかった，あるいは髪型やメイクがガラッと変わった友人を人ごみの中から特定するのに大した努力は必要ない。このような事実から，私たちは顔認知に過剰な自信をもつ傾向がある。しかし，日頃よく目にする知人や芸能人の顔を認知する能力は，目撃者の犯人特定のように一度

だけ見た人を再び認識する能力とは大きく差がある。ハンコックら（Hancock et al., 2001）は写真を使ったシンプルな面通し実験でそれを実証した。参加者は10人の顔写真と（選択肢），ターゲット人物の顔写真1枚（見本）を同時に見せられ，選択肢の中にターゲットがいるかどうかを答えさせられた。ターゲット人物が選択肢の中にいた場合，見本写真と選択肢の写真は異なっていた。この課題では単純に見本と選択肢の写真を見比べればよいだけなのだが，正答率は7割にとどまった。選択肢にターゲットがいるのに「いない」と答えたり，異なる人物をターゲットと見誤ったりすることが3割の確率で起こったのだ。このように，顔を記憶する必要のない場合でさえ見誤りが多いのであれば，目撃証言のように記憶を頼りに実物を特定するのがどれほど難しいか想像がつくであろう（第4章の凶器注目性効果も参照のこと）。よく知る顔と，そうでない顔では表象の質が異なる。顔の普遍的な特徴が十分に抽出されていない表象では，一時的な見え方の変化が人物特定に大きく影響してしまうのである。

3．感情と認知

（1）感情喚起の理論

　宝くじに当たれば興奮し，仕事に失敗すると落ち込み，おいしい食事をすれば幸福な気分になる。このように，私たちの心は感情によって大きく変化し，時としてポジティブに変化したり，ネガティブに変化したりする。古くからある「感情はどのようにして喚起されるのか？」という問いに，数多くの研究が挑戦してきた。中でも，有名な3つの**感情喚起理論**を簡単に解説する。

　1つ目は，ジェームズ・ランゲ説である（James, 1884）。こんな状況を想像してほしい。今，読者はヒグマに遭遇し，必死で逃げたとする。「ヒグマが怖いから逃げた」と考えるのが普通だが，ジェームズとランゲは「逃げるから怖い」と考えた。彼らによると，私たちが刺激を受け取ると，その刺激は大脳皮質に入力され，自律神経や運動神経の活性化を通じて体の末梢部分（筋肉・皮膚・内臓など）へ情報が伝達される。そして，末梢部分で身体的変化が生じ，その変化が大脳皮質へフィードバックされ，感情が喚起するのである。つまり，先のヒグマの例では，「逃げる」ということとそれに伴う筋肉の緊張などの身

体的変化が脳へ伝達され，「怖い」という感情が喚起されるというのだ。

　2つ目は，キャノン・バード説である（Cannon, 1927）。彼らは，ジェームズ・ランゲ説は自律神経系反応パターンが大脳皮質でとらえられたものが感情だとしていると指摘し，その後に動物実験を通じて感情喚起には自律神経系反応パターンが不要であることを主張した。その代わりに，通常状態では反応が抑制されている視床（現在の視床下部）という脳部位が外部から入力された刺激によって活性化され，興奮することによって感情が喚起されると主張した。前掲のヒグマの例で考えると，外界から入力された視覚刺激などによって普段は抑制されている視床下部が興奮し，それが原因となって怖いという感情が喚起され，逃げるという行動を引き起こしたことになる。

　3つ目は，シャクター・シンガー説である（Schachter & Singer, 1962）。彼らもジェームズ・ランゲ説を批判した。彼らは，ある身体反応が生じたとき，体内や外部環境を推測して解釈し，身体反応に意味づけをすることで感情が喚起されると考えた。つまり，自律神経の活性化が生じ，それに対して環境内の手がかりが解釈され，感情が喚起される。たとえば，ある人が宝くじの高額当選をして興奮していたとする。その人は興奮してドキドキしており（自律神経の活性化），そのドキドキは宝くじの高額当選をしていたことだと解釈され（環境内手がかりの解釈），喚起している感情は「興奮」だとわかるのである。

（2）感情認知（表情・音声）の理論

　顔は情報の掲示板といわれるように（千葉, 1993），私たちの感情の多くは顔に現れる。人が顔面上に表す感情を（顔面）表情と呼び，微細なものから強大なものまで多種多様な表情が存在する。私たちは他人が表出する表情を一目しただけで，その人の感情状態を正確に察知・認知できる。当たり前のように使っているこの機能だが，どのようなメカニズムが働いているのだろうか。表情認知のメカニズムには2つの説が有力だと考えられている。

　1つ目は，**カテゴリ説**である。エクマンとフリーセン（Ekman & Friesen, 1975）が世界中で表情認知研究を行い，人は基本6感情と呼ばれる，喜び・悲しみ・怒り・嫌悪・恐怖・驚き感情を表出する表情を，どの文化圏でも正確に認知できることを示した（図3-4参照）。彼らは，基本6感情は人の生存に必

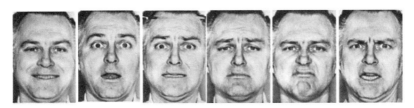

図 3-4　エクマンらが主張する基本 6 感情を表出する表情（Ekman & Friesen, 1975）
左から喜び，驚き，恐怖，悲しみ，嫌悪，怒りの表情を示す。

要不可欠なものとして残存してきたという進化論の見解を有しており，多様で複雑な表情も基本 6 感情のどれか 1 つに必ず分類されると主張する。基本 6 感情は感情カテゴリとほぼ同義であり，これにちなんでカテゴリ説と名づけられている。

　2 つ目は，**次元説**である。ラッセルとバロック（Russell & Bullock, 1985）は，人の表情認知構造には感情カテゴリ間の明確な境界線はなく，むしろ曖昧であり，そもそも感情カテゴリという概念すら存在しないと主張した。彼らによると，人は 2 次元平面から構成される幾何学的な表情認知空間を呼ばれるものを有しており，その第 1 次元は「快―不快」，第 2 次元は「覚醒度」（現在は感情強度）だと定義した。この次元構造が次元説の名前の由来となっている。また，個々の表情はその 2 次元平面上においてベクトルとして位置が表現され，連続的かつ円環状に表情が配列されることから，円環モデルとも呼ばれる。

　たしかに，顔面上に現れる視覚的手がかりは感情認知に特に重要であるが，感情認知は顔面上に表出される情報のみで行われているわけではない。**聴覚的手がかり**（音声など）からも感情認知は行われている。たとえば，悲しい気分は低い周波数で発話スピードがゆっくりであることは容易に想像できるだろう。音声からの感情認知においてもカテゴリ説や次元説の観点から研究が進められてきた。ところが，離散的なカテゴリ説の観点から行われている研究成果は限定的であり，結果が一致しないことが多いという指摘もある（Juslin & Laukka, 2003）。一方，次元説の観点から行われた研究では（たとえば，池本・鈴木, 2009），活性次元，誘意性次元，緊張次元の 3 次元が導出されたが，異なる次元を提案する研究もあり（Bachorowski, 1999; Davitz, 1964），一貫した結論には到達していない（Juslin et al., 2018）。

（3）感情が認知に与える影響

　ここまで感情と認知の理論について解説してきた。いうまでもなく，感情と認知は密接に関連し，互いに影響を及ぼし合っている。中でも，感情が認知機能に影響を及ぼすという研究が数多く報告されており，**感情プライミング効果**が好例であろう。2つの刺激が継時的に提示されたとする。最初の刺激を先行刺激（プライム刺激），後の刺激を後続刺激（ターゲット刺激）と呼ぶ。先行刺激が後続刺激の認知処理に影響を及ぼすことを，プライミング効果という。特に，先行刺激に感情的な要素が含まれているときに，感情プライミング効果と呼ばれる。マーフィーとザイアンス（Murphy & Zajonc, 1993）は，先行刺激に怒り顔あるいは笑顔を4ミリ秒（1000分の4秒のことで，光刺激として目の網膜に像を結ぶが，あまりに一瞬なので人には見えない）提示し，後続刺激に外国人にとっては中性的な意味をもつ漢字のような文字を提示して，その文字の好意度を尋ねた。すると，先行刺激に笑顔を提示された実験参加者群は怒り顔を提示された群よりも，漢字のような文字に対する好意度が高かったのだ。この結果は中性的な意味しかもたない文字が，それに先行する表情刺激の感情成分によって影響を受けることを如実に示している。また，刺激を4ミリ秒という認識できないほどの速さで提示されたとしても（閾下提示という），私たちの認知に影響を及ぼすという点で非常に興味深い。

　想像に難くないように，感情は記憶にも様々な影響を及ぼす。経験的にも，中性的な内容を伴う情報よりも，感情的な内容を伴う情報の方が，記憶成績が良いことは理解できるだろう。特にネガティブ感情を伴う出来事のインパクトは大きく，多くの心の働きに強い影響力をもつことが明らかになっている。これを**ネガティビティバイアス**と呼ぶ。

　ネガティブな感情が記憶に強く影響する例として，**フラッシュバルブ記憶**があげられるだろう。フラッシュバルブ記憶とは，ショッキングな出来事が発生したとき，その出来事のことはもちろん，そのときの自分の身の回りのことまで鮮明に思い出せる記憶を指す。フラッシュを焚いて写真を撮るかのように，鮮明な記憶が残ることから名づけられた。最近では，2011年の東日本大震災が該当する。大地震や大津波が東日本を襲い，街が破壊されていくというショッキングな出来事を目の当たりにした人は，そのときの様子を生々しい感覚とと

もに鮮明に覚えている。この他，2015年11月にパリで発生したテロ事件の記憶について調べた研究では，やはりネガティブ感情が記憶に重要な役割を演じていることが明らかとなった（Gandolphe & El Haj, 2017）。

　しかしながら，ネガティブ感情が記憶においてポジティブな効果をもつケースもある。ブランド名とネガティブ感情の関係である。ゲストら（Guest et al., 2016）は，Killer や Murder という実在するブランド名を使って記憶実験を行った。その結果，ネガティブな単語を含めたブランドは記憶に残りやすいことを実証した。この結果から，ドリンクの Monster Energy や香水の Poison は販売戦略として理にかなっているのかもしれない。

　より広い視点から考えてみると，感情が人間関係に与える影響も重要である。近年ではソーシャル・ネットワーキング・サービス（SNS）の発達により，以前では想像できなかったコミュニケーションが実現されている。多くの若者が中心となって SNS で発達しているものに，**顔文字**や**絵文字**がある。テキストベースの顔文字は1980年代から欧米で使用され始め，その後ほどなくして日本でも使われ始めた。私たちの経験から理解できるように，日本では「(^_^)」などの縦型の顔文字が使用される。しかし，欧米では「:-)」などの横型が使われれ，感情表現する顔の部位が異なる。ユウキら（Yuki et al., 2007）はこれに目をつけ，日本人は目から感情を認知し，逆にアメリカ人は口から感情を認知することを見出した。より近年では，若者を中心に主に SNS で使用されているピクトグラムのような絵文字が多用され，日常生活に深く浸透しているのは周知の事実であろう。絵文字をテキストメッセージに付与すると，テキストメッセージだけの場合と比較して，メッセージ内容の理解が促進されるという研究結果が報告されており（Lo, 2008; Riordan, 2017），絵文字とメッセージ理解との関係や，感情との関係が継続的に検証されている。

4．認知資源とバイアス

　私たちは駅など人が行き交う場所において，スマホを操作しながら（中には
ぶつかりそうになりながらも）向かってくる人を避けて歩く人を頻繁に目にす
る。今や社会問題となっている「ながらスマホ」は，認知とその資源にかかわ
りがある。私たちは同時に生じる2つ以上の刺激すべてに注意を向け，さらに
有限とされている**注意資源**の容量を分割して配分し，処理することができる。
これを分割的注意と呼び（Kahneman, 1973），上述のながらスマホはその好例
だ。分割的注意は，個人の中の情報処理限界について貴重な情報を提供してく
れる。もし，注意を向ける対象が多い場合，その処理はどうなるだろうか。注
意容量は有限であるため，注意を向ける対象1つに割くことができる注意資源
が少なくなり，結果的に課題遂行が困難になる。ながらスマホで人にぶつかっ
てしまう現象は，スマホ操作に多くの注意資源が割かれ，人との距離やぶつか
る危険性の予測といったものに割かれる注意資源がとても少ないと考えられる。
　人が様々な情報処理を行う中で，その負荷に言及したモデルがある。それは
二重過程モデル（Chaiken, 1980）と呼ばれ，情報処理の負荷が高いプロセス
と低いプロセスがある。負荷が高いプロセスは分析的処理を担当するシステマ
ティック処理，低いプロセスは簡単に決めてしまうヒューリスティック処理に
それぞれ対応する。私たちはこの2つの情報処理で多くの判断を行っていて，
認知負荷を軽減するためにヒューリスティック処理（経験則と類似の概念）を
頻繁に利用している。たいていの場合はそれでうまくいくのだが，ヒューリス
ティック処理では注意を向ける先によっては大きな判断ミスにつながることが
ある。その注意を向ける先（判断する材料など）に偏りが見られることが明ら
かになっており，これを**認知バイアス**と呼ぶ。認知バイアスには多種多様なも
のがあり，本節では血液型占いを解説する。
　血液型占いを信じる人は多く，書店では関連本が平積みになっているほど根
強い人気がある。ある几帳面な性格のA型の人が血液型占いの本を見て，「A
型の人は几帳面」という記述があると，「当たっている！」と思うに違いない。
また，その人は「部屋が整頓されている」・「洗濯物をきちんとたたむ」など別

の記述を見て，「よく当たっている！」と思うだろう。そうではないＡ型の人だってたくさんいるにもかかわらず，である。このように，自分の考えが正しいのか間違っているのかを判断するとき，先入観に従って自分の考えを支持する好都合な証拠や情報ばかり集めて先入観を補強し，反証例を全く集めようとしないことを，確証バイアスと呼ぶ。確証バイアスは広く日常生活に見られ，振り込め詐欺も確証バイアスが原因だと考えられている。たとえば，自分は振り込め詐欺にはあわないという信念をもっている人が一度詐欺犯を信じてしまうと，詐欺に引っかかっていることを全く疑わなくなる。それどころか，「息子の名前を知っている」・「自分の家の電話番号を知っている」・「息子と同じ声だ」など，自分の信念に都合の良い証拠ばかりを集めてしまい，「息子が不祥事を起こすことなんてありうるのか？」・「息子は用心深いのに交通事故を起こすのだろうか？」といった証拠を集めようとしなくなる。近年では，神経科学から振り込め詐欺の防止策が検討され始めている（永岑ら，2009）。

（竹原卓真）

調べてみよう，考えてみよう！

①認知とは複雑な心の働きだった。仲の良い友人の顔をどのように認知しているのかを考えたり，その友人の名前をどのように記憶したりしているのかを考えたりして，日常生活でどのような認知処理が実際に行われているのかを深く考えてみよう。

②私たちは地震や津波に代表される自然災害など，生命に直接関わる状況においても認知バイアスが働いてしまう。自然災害などではどのような認知バイアスが働くかを調べ，どうすれば認知バイアスを回避できるのか考え，実際に試してみよう。

引用文献

Bachorowski, J. -A. (1999). Vocal expression and perception of emotion. *Current Directions in Psychological Science, 8*, 53-57.

Bruce, V., & Young, A. (1986). Understanding face recognition. *British Journal of Psychology, 77*, 305-327.

Cannon, W. B. (1927). The James-Lange theory of emotions: A critical examination and an alternative theory. *American Journal of Psychology, 39*, 106-124.

Chaiken, S. (1980). Heuristic versus systematic information processing and the use of source versus message cues in persuasion. *Journal of Personality and Social Psychology, 39*, 752-766.

千葉浩彦（1993）．感情の変容と表情　吉川左紀子・益谷　真・中村　真（編）　顔と心 —顔の心理学入門— (pp. 110-135)　サイエンス社

Davitz, J. R. (1964). Auditory correlates of vocal expression of emotional feeling. In J. R. Davitz (Ed.), *The communication of emotional meaning* (pp. 101-112). New York: McGraw-Hill.

Ekman, P., & Friesen, W. V. (1975). *Unmasking the face: A guide to recognizing emotions from facial clues.* Prentice-hall, NJ: Englewood Cliffs.

Gandolphe, M. C., & El Haj, M. (2017). Flashbulb memories of the Paris attacks. *Scandinavian Journal of Psychology, 58,* 199-204.

Guest, D., Estes, Z., Gibbert, M., & Mazursky, D. (2016). Brand suicide? Memory and liking of negative brand names. *PLoS ONE, 11,* e0151628.

Hancock, P. J. B., Bruce, V., & Burton, A. M. (2001). Recognition of unfamiliar faces. *Trends in Cognitive Sciences, 4,* 330-337.

池本真知子・鈴木直人 (2009). 感情判別における声質の影響─単音節，短文を用いて─　感情心理学研究, *16,* 209-219.

James, W. (1884). What is an emotion? *Mind, 9,* 188-205. (宇津木成介 (訳) (2007). 情動とはなにか？　近代, *98,* 35-68.)

Juslin, P. N., & Laukka, P. (2003). Communication of emotions in vocal expression and music performance: Different channels, same code? *Psychological Bulletin, 129,* 770-814.

Juslin, P. N., Laukka, P., & Bänziger, T. (2018). The mirror to our soul? Comparisons of spontaneous and posed vocal expression of emotion. *Journal of Nonverbal Behavior, 42,* 1-40.

Kahneman, D. (1973). *Attention and effort.* Englewood Cliffs, NJ: Prentice-Hall.

Lo, S. K. (2008). The nonverbal communication functions of emoticons in computer-mediated communication. *Cyber Psychology and Behavior, 11,* 595-597.

McWeeny, K. H., Young, A. W., Hay, D. C., & Ellis, A. W. (1987). Putting names to faces. *British Journal of Psychology, 78,* 143-149.

Murphy, S. T., & Zajonc, R. B. (1993). Affect, cognition, and awareness: Affective priming with optimal and suboptimal stimulus exposures. *Journal of Personality and Social Psychology, 64,* 723-739.

永岑光恵・原　塑・信原幸弘 (2009). 振り込め詐欺への神経科学からのアプローチ　社会技術研究論文集, *6,* 177-186.

Riordan, M. A. (2017). Emojis as tools for emotion work: Communicating affect in text messages. *Journal of Language and Social Psychology, 36,* 549-567.

Russell, J. A., & Bullock, M. (1985). Multidimensional scaling of emotional facial expressions: Similarity from preschoolers to adults. *Journal of Personality and Social Psychology, 48,* 1290-1298.

Schachter, S., & Singer, J. E. (1962). Cognitive social and physiological determinants of emotional state. *Psychological Review, 69,* 379-399.

Selfridge, O. G. (1955). Pattern recognition and modern computers. *Proceedings of the Western Joint Computer Conference,* ACM: NY.

Yin, R. K. (1969). Looking at upside-down faces. *Journal of Experimental Psychology, 81,* 141-145.

Yuki, M., Maddux, W. W., & Masuda, T. (2007). Are the windows to the soul the same in the East and West? Cultural differences in using the eyes and mouth as cues to recognize emotions in Japan and the United States. *Journal of Experimental Social Psychology, 43,* 303-311.

第4章　記憶は真実のコピーではない！？
記憶の心理学

1．記憶の過程

　記憶というと，苦労して覚えた人名や英単語，または印象深い幼少期の出来事などを思い浮かべるかもしれないが，実際には記憶がなければ日常会話もできなければスポーツもできない。記憶は私たちの行動を根底から支える認知機能なのだ。

　ある情報に接してからそれを記憶に留め，後に思い出すという一連のプロセスは，符号化（記銘），貯蔵（保持），検索（想起）という3つの作業に分けられる。符号化は情報を「記憶用フォーマット」へと変換するプロセスを指す。記憶はビデオや文書ファイルのように情報をありのままの形で保存できないので，何らかの変換がなされる。たとえば，数字の羅列など一見無意味な情報を語呂合わせにして意味を付加するような有意味化や，言語情報を視覚イメージに変換するイメージ化などがある。符号化された情報を蓄えることが貯蔵，思い出すことが検索である。検索ができたかを確認する方法には再生と再認がある。再生は貯蔵したものを口にしたり書き出したりして新たに再現する作業で，再認は複数の候補から記憶したものを特定する作業である。一度記憶した電話番号を後に口に出して人に伝えるのは再生だが，いくつかの電話番号の中から自分の記憶したものを特定するのは再認となる。

　記憶が正しく機能するにはこれらすべてのプロセスがうまく働く必要がある。符号化時に気が散って貯蔵に失敗した，貯蔵はされたが時間の経過とともに薄れた，貯蔵はされているが検索に失敗した，これらいずれの状態も「覚えたはずの情報を思い出せない」という結果につながる。

2．記憶の構造

　記憶は感覚記憶，短期記憶，長期記憶の3つに分けられると考えられていて，これを**多重貯蔵モデル**と呼ぶ（Atkinson & Shiffrin, 1971）。私たちが見たり聞いたりしたことは，まず目や耳といった感覚器官で受容され，感覚記憶にほんの数秒間だけそっくりそのまま貯蔵される。直前に見たものの詳細を残像として見ることができたり，直前に耳にしたことを正確に繰り返すことができたりするのは情報が感覚記憶にあるからだ。視覚情報の記憶をアイコニック・メモリ，聴覚情報の記憶をエコイック・メモリと呼ぶ。

　感覚記憶に蓄えられた情報のうち，注意の向けられたものが短期記憶に移動する。短期記憶の貯蔵期間は15から30秒ほどで，それより長く覚えておくためには**リハーサル**が必要になる。リハーサルとは情報を繰り返し思い返すことで，声に出して繰り返したり頭の中で反復したりするような単純なものから，覚えたい情報を他の事柄と関連づけたりするような複雑なものまである。複雑なリハーサルをした方が高い確率で情報が長期記憶に移動する。誰かに手紙を出そうと郵便番号を調べ，数回復唱して封筒に書き終わるまで覚えていたら，番号を短期記憶に貯蔵したといえる。しかしそれだけでは書き終わって数秒後にはもう思い出せない。同じ郵便番号を何度も使うと十分なリハーサルがなされて情報が長期記憶に移動するので，半永久的に思い出すことができるようになる。

　一度に短期記憶に蓄えられる情報量は7±2個だといわれている。これはアメリカの心理学者ミラー（Miller, G. A.）が1956年の著名な論文で「マジックナンバー7」を提唱したことに始まる（Miller, 1956）。日本の郵便番号や電話番号（局番を除く）などを見ると，日常よく短期記憶に蓄えられる情報は容量の範囲内のようだ。ここで，1600186819114という12桁の数字を記憶してみてほしい。3秒くらい見たら本から目を離してリハーサルし，しばらくたったら覚えている数字を順番通り書き出そう。すべてを記憶するのは難しかったのではないだろうか。これは12桁というのが短期記憶の容量を超えているからである。しかし7±2という容量は，単純に数字や文字の数を指しているのではなく，「情報のかたまり（チャンク）」を意味している。先ほどの数字の羅列も1600,

1868，1914というように4つずつまとめてしまえば（関ヶ原の合戦，明治維新，第一次世界大戦勃発の年），情報のかたまりは3つになり容量内に十分収まる。このように情報をいくつかのかたまりに分けて保持することをチャンキングといい，短期記憶に入れる情報量を大幅に増やすテクニックとして知られている。このようなテクニックを使って短期記憶にある間にリハーサルがしやすくなると，その事柄を忘れにくくなるのだ。

　心理学者はどうして短期記憶と長期記憶という2種類の貯蔵庫があると考えたのだろう。2種類の貯蔵庫があることを示す1つの例に系列位置効果がある。ここで実験をしてみよう。友達や家族に頼んで，単語を20個書いてもらい，それらを順番に読んでもらってほしい。あなたはそれらを記憶するのだ。すべての単語を聞き終わったら覚えているものを書き出してみよう。ここで重要なのは，何番目にいわれた単語をあなたがよく覚えていたかである。最初と最後のあたりに出てきた単語のほうが，真ん中あたりに出てきたものより思い出しやすかったのではないだろうか。これが系列位置効果だ。あなたが単語を1つずつ聞いているとき，それらの一部は短期記憶に，残りは長期記憶に保持されている。最後のほうに聞いたものはまだ短期記憶にあるため思い出しやすい。それ以前に聞いたものの中で，リハーサルが十分にされて長期記憶に移動したものはそこから思い出せる。最初のほうに聞いた単語はリハーサルが多くされるので長期記憶に移りやすいのだ（Murdoch, 1962）。記憶が2種類の貯蔵庫をもつからこそ，このような現象が起こるのである。

　多重貯蔵モデルでは，短期記憶は情報を一時的に貯蔵するだけだとしている。しかし，それでは私たちの行動をうまく説明できないことがある。たとえば文章を読むとき，短期記憶は直前に読まれた内容を保持しつつ，単語の意味や漢字の読み方などの知識を長期記憶から引き出しているはずだ。暗算をするときには，繰り上がりや繰り下がりを記憶しつつ，自分が注意を向けている桁の計算を同時に行っている（苧阪，2002）。そこで，多重貯蔵モデルの短期記憶にあたる部分に，情報の保持以外にその処理や分析という複雑な機能をもたせ，**ワーキングメモリ**とする新たなモデルが生まれた。

3．ワーキングメモリ

　ワーキングメモリは1974年にバッドリーとヒッチによって提唱され（Baddeley & Hitch, 1974），現在に至るまで少しずつ改良され続けている。

　中央実行系はワーキングメモリのメインシステムだが，これ自体には保持機能がない。このサブシステムとして働くのが音韻ループと視・空間的スケッチパッドである。音韻ループは音に関するおもに言語的な情報を一時的に保持するところで，発話や言語的なリハーサルもコントロールしている。視・空間的スケッチパッドは言語情報以外の視覚的または空間的な情報（模様，形，位置など）を保持する。中央実行系は注意力などの処理資源を2つのサブシステムに分配・調節しており，複数のことを同時に行うときは特に活躍する。

　このモデルのポイントは音韻的情報と視覚的情報が別の場所に貯蔵される点だ。音韻的な情報を覚えようとしているときに音韻ループを別のことに使うと（たとえば誰かと話す），記憶が妨げられる。しかし視覚的な情報を覚えようとしているときは，音韻ループへの負担は記憶にほとんど影響しない。これ以外にも，ワーキングメモリの妥当性を示す様々な現象が実験で明らかになっている。

　エピソードバッファは長期記憶とのやりとりを専門にするサブシステムで，音韻ループと視・空間的スケッチパッドに保持されたものに関わる情報を長期記憶から引き出す。ここへの資源も中央実行系に制御されている。ワーキング

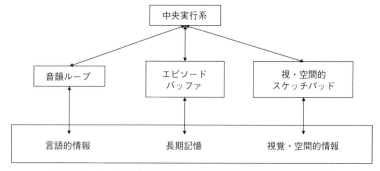

図4-1　ワーキングメモリの構造（Baddeley, 2000をもとに筆者作成）

メモリは私たちの記憶のみならず，注意力や発話など様々な能力に関係している。

4．長期記憶

（1）エビングハウスの忘却曲線

　ここで，記憶研究のパイオニアとされるエビングハウス（Ebbinghaus, 1964）を紹介しよう。彼は，意味をなさないアルファベット 3 文字のつづり（無意味つづり）を記憶する作業を自らに課して研究をした。無意味つづりは日常生活で遭遇しない事柄なので，言語能力や知識に影響されずに記憶の本質を調べられると彼は考えたのだ。つづり13個を 1 つのリストとし，それらすべてを間違いなく再生できるまでに何度リストを見たかを数えた（原学習回数）。次に一度完璧に覚えたリストを一定時間が経過した後にまた再生した。そこで再生が不完全だった場合，もう一度リストを見直して学習し，再び完璧になるまで何度それを見たかを数えた（再学習回数）。これらをいくつものリストで行ってみると，いつでも再学習回数は原学習回数より少なく，再学習では記憶の労力が節約できることがわかった。そこで彼は，原学習回数から再学習回数を引いたものを原学習回数で割った値を節約率とし，時間の経過と節約率の関係を示した。これがエビングハウスの忘却曲線である。

　原学習と再学習の間が20分から 1 時間ほど空いただけで節約率が50％程度となり，再び完璧になるまでに原学習回数の半分ほどリストを見直す必要があった。間隔が 1 日になると節約率は33％になり，再学習にかかる労力は原学習の 3 分の 2 ほどになる。節約率の落ち込みは間隔が 1 時間を超えると非常に緩やかになり，1 か月後も20％ほどを保った。一旦長期記憶に入った情報は，学習後短期間のうちにかなり再生不能になってしまうが，それでも再学習すれば原学習より少ない労力で保持しなおせることがわかる。節約率が大幅に下がる前に適宜再学習をすれば，無意味つづりのように覚えにくい事柄でも正確に長期記憶に保持し続けることが可能なのだ。ちなみに，図 4−2 が忘却曲線と呼ばれるため，グラフが示すのが「リスト全体における忘れられた単語の割合（忘却率）」であると誤解されやすいので注意してほしい。

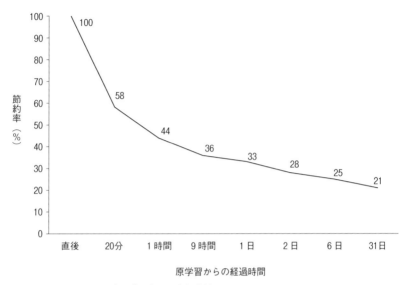

図4-2　エビングハウスの忘却曲線（Ebbinghaus, 1964をもとに筆者作成）

（2）長期記憶の種類

　長期記憶の容量は膨大で保持期間も非常に長い。長期記憶の情報は，「思い出している」という想起意識が伴う**顕在記憶**と，それがない**潜在記憶**に分けられる。さらに顕在記憶には意味記憶とエピソード記憶がある。意味記憶は一般知識のようなもので，フランスの首都はどこか，水の沸点は何度か，燃えるごみの収集日は何曜日か，など多くの人が共通して認識できる事柄に関する記憶だ。自分の誕生日や好きな歌手といったプライベートな情報でも，他者が知識としてもつことができるものは意味記憶である。これに対してエピソード記憶は自分の視点を通して経験した出来事についての記憶である。出来事の内容だけでなく，経験中の自分の感情や考えなども含まれる。また，エピソード記憶の中でも自分のありかたに強く関係するような思い入れのあるものを自伝的記憶と呼ぶ。意味記憶とエピソード記憶は互いに関連しており，区別が難しいこともある。たとえば友達の誕生日パーティーに参加したエピソード記憶が時を経て薄れ，最終的に友達の誕生日がいつかという意味記憶になったりする。

　潜在記憶には技の記憶とプライミングがある。前者は自転車の乗り方や泳ぎ

方など体の動かし方に関する記憶で，一度覚えると長期にわたって貯蔵される。プライミングは第3章の感情プライミングであったように，意識できないほどの短さで提示されたプライムがターゲット刺激への反応に影響を与える現象だ。プライムはそれを見たという意識がないにもかかわらず記憶されており，時には数か月単位の長期にわたって効果が継続する。

（3）ネットワークモデル

　ここで，自分の好きな俳優の名前を思い出してみてほしい。すると，彼・彼女の出演していたドラマの題名，その内容，他の出演者など様々なことについて思いがめぐらされないだろうか。このように，私たちは何か1つの事柄を思い出すと，それに関連する様々なことを思い出す。これは長期記憶の情報が互いに結び付けられて貯蔵されているからだ。この構造を示した有力なモデルにコリンズとキリアン（Collins & Quillian, 1969）の意味階層ネットワークモデルがある。1つ1つの事柄をノードと呼び，一番下の階層には事象の名前，それより上の階層にはそれぞれの事象をまとめるカテゴリ名がある。

　このモデルでは物事が想起される過程をノードの活性化を使って説明する。活性化を電気の流れと考えるとよい。目標のノードに一定の強さで電気が流れれば活性化し，その内容が想起される。たとえばカナリアが飛ぶかどうかを思い出したいとき，カナリアノードがまず活性化され，電流はさらにそれにつながる様々なノードにも流れて拡散する。「飛ぶ」ノードにも十分な電気が流れれば「カナリアは飛ぶ」という事柄を想起できる。活性化の拡散には一定の時間がかかるため，想起したいノード同士の距離が離れるほど，その事柄の想起に時間を要すると考えられる。たとえば，「カナリアは飛ぶか」と「カナリアは皮膚を持つか」では，後者の方が複数の階層をまたいだ活性化が必要なので，

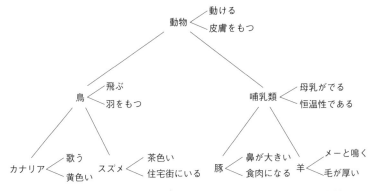

図4-3　階層ネットワークモデル（Collins & Quillian, 1969をもとに筆者作成）

前者を想起するよりも時間がかかる。その後，明確な階層を想定しないモデル
も登場したが，どのモデルでも長期記憶の情報は関連するもの同士が連結して
おり，あるノードの活性化が他のノードに広がることで関連情報が次々と思い
出されることを説明している。

　思い出したい事柄と関連するノードは，検索手がかり，つまり検索のヒント
として働く。たとえば実験室で単語のリストを記憶した場合，まず単語自体に
関わる情報が手がかりになる。単語の属する概念カテゴリ（食べ物，人名，道
具，など）や，類義語などだ。単語自体には関係なくても，実験室の状況や符
号化をしていたときの気分といった背景情報も単語の検索手がかりになりうる。
手がかりノードの活性化が拡散することで目標のノードの活性化を促す。よっ
て，新たな情報を符号化するときに，それを関連する事柄に結び付けるような
リハーサルをすると，その情報にたくさんの手がかりノードが付随するので検
索しやすく忘れにくい記憶になる。たとえば，単語の符号化時にその意味に注
意を払った場合と，文字の書式などの上辺だけに注意した場合では，前者の再
生率がより高い。これは処理水準モデルと呼ばれ（Craik & Lockhart, 1972），
深い水準まで処理された単語ほど，後に検索手がかりとして働く関連ノードと
より多く結びつけられるゆえに起こるとされている。

（4）忘却と干渉

　目当ての情報を検索できないことを忘却という。長期記憶の忘却は時間の経

過に伴う衰退以外にも数種類ある。抑制は思い出せるはずの情報が緊張などの理由で一時的に想起できなくなることだ。干渉は他の情報によって検索が妨げられることで，想起したい情報より以前に記憶にあったものが邪魔をする場合を順向干渉，後に記憶されたものが邪魔をする場合を逆向干渉という。引っ越ししたてで新住所を思い出そうとしたら，古い住所ばかり思い出されてしまうのは順向干渉の例，逆に新住所を覚えたために古い住所を思い出せなくなるのは逆向干渉の例だ。エピソード記憶では，それが実際に起こったことなのか想像したことだったのかが不明になる忘却や，情報の出どころ（本で読んだのか人に聞いたのかなど）がわからなくなる忘却もある。初めて訪れたはずの場所を以前に見たことがあるように感じるデジャ・ヴという現象は，その風景の記憶の情報源が錯綜してしまうことに由来すると考えられている。写真で見て記憶した風景を，実際に見て記憶したものとして想起するとデジャ・ヴになる。

　通常の忘却とは異なり，脳障害や心的障害により物事を思い出せないことを健忘という。健忘のきっかけとなった出来事（脳損傷など）以前のことが思い出せないのは逆向健忘で，ひどい場合はきっかけ以前の数年分の記憶がなくなる。きっかけ以降に起こった新しい出来事を記憶できなくなる状態は前向健忘という。

（5）記憶の構築と虚偽記憶

　記憶は貯蔵されている間に既存の知識などと結びついて姿を変えていく。よって，記憶の想起は情報の再構築といえるのである。これを最初に明確にした心理学者が序章でも述べたバートレット（Bartlett, 1932）だ。彼は「幽霊の戦い」というアメリカ先住民に関する不思議なストーリーを大学生に聞かせ，時間をおいて再生させた。すると，ほとんどの回答はオリジナルの文言ではなく要約されたものになっていた。また，もとのストーリーでわかりにくいところや辻褄が合わなかったところは，学生自身の知識や解釈に基づいた情報で補足され，全体が首尾一貫した内容に変換されていたのである。さらに，時には再構築された内容がもとの情報とかけ離れ，真実を反映しない**虚偽記憶**となることがある。虚偽記憶のメカニズムの主要なものに事後情報効果がある。記憶した事柄に関して後に新たな情報を得ると，新情報と整合性が取れるようにも

との記憶内容が変容することを指す。たとえば，ある事件の目撃者が「犯人は背が低かった」と記憶していたにもかかわらず，「警察が目星をつけている人物は背が高い」という情報を後に得た場合，記憶の犯人像が背の高い人に変化する場合がある。後に与えられる情報の中でも視覚的なものは特に影響が強く，虚偽の歴史的な出来事が映った写真などを見ると，それを実際に起こったこととして想起する可能性がとても高くなる（Frenda et al., 2013）。虚偽記憶は実験でも簡単に誘発することができ，非常に起こりやすい現象といえる。

5．日常の記憶

　これまでに紹介してきた記憶のメカニズムや構造は，実験室で単語のリストを覚えるといったように厳密に統制された環境下における観察で明らかになったものがほとんどだ。しかし，そのような研究では日常場面での記憶の機能を反映しないとする批判が生まれ（Neisser, 1978），私たちが日常経験するような事柄に焦点を当てた研究が多く実施されるようになった（森，1992）。

　日常生活では匂いがきっかけで昔の記憶が鮮明に蘇り，あたかもそれを追体験しているように感じる経験をすることがある。これはプルースト効果と呼ばれ，フランスの小説家マルセル・プルーストの長編小説『失われた時を求めて』の主人公が，マドレーヌを紅茶に浸した香りを嗅いだ瞬間に過去の記憶をとても鮮明に思い出すという一節から名づけられた。研究でも，匂いは言語的手がかりよりも自伝的記憶を想起する強いトリガーとなることが示された（Chu & Downes, 2000）。自伝的記憶は自分のありかたと強く関連するため，感情性が高い内容が多く含まれる。プルースト効果は，このような自伝的記憶の感情性と匂いが結びつくために起こるようだ。たとえば，匂い刺激によって想起された自伝的記憶は他の刺激によって想起されたそれよりも感情強度が強く，扁桃体や海馬の活性化を伴う（Herz et al., 2004）。海馬は記憶と最も関係が強いとされる脳の部位だ。

　もう1つ日常生活でよく起こる記憶の現象として，楽しい気分でいるときは過去の楽しい出来事をいろいろと思い出し，悲しい気分でいるときには過去の悲しい出来事を次から次へと思い出すということがある。このように，その時

の気分と同じ感情価をもつ出来事の想起が容易になることを気分一致効果と呼ぶ。この現象の発生メカニズムには諸説あるが，ネットワークモデルを使った説明が有力だ。過去に起こった出来事のノードに気分ノードがつながり，その活性化が手がかりとして働くとするものである（Bower, 1981）。

　強盗や殺傷事件を目撃した場合，そこで目にした凶器が出来事の記憶を歪める現象がある。事件をしっかりと見ていたにもかかわらず，目撃者の注意が犯人の持っている凶器に引きつけられ，犯人の顔や服装などをよく思い出せなくなってしまうもので，凶器注目性効果という（Loftus et al., 1987）。凶器が不安や恐怖などの強い情動を喚起するために，目撃者が犯人の特徴や周囲の状況を十分に分析できないこと（Johnson & Scott, 1976），日常生活で通常目にしないような凶器が場面に表れることで注目を集めてしまい，他の事柄に注意が向かなくなること（Pickel, 1998），などが理由とされる。凶器を目撃した際，私たちはその危険性にも非常に敏感になるようで，たとえば包丁であれば，先端が尖っている出刃包丁のほうが尖っていない菜切り包丁よりも顕著に人の注意を引くことが見出されている（大上ら，2006）。

（菊谷まり子）

調べてみよう，考えてみよう！

①友達や家族に，20個の単語が含まれるリストを 2 つ書いてもらい，それを記憶しながらワーキングメモリの働きを調べよう。1 つのリストは普通に記憶し，もう 1 つは単語を見ているときに「あ，あ，あ，あ」と繰り返し口に出してみよう。どちらのリストの再生率が高いだろう？　どうしてそのような結果になるのだろうか？

②自分の幼い頃の記憶に虚偽のものがないか，親族に聞いて確かめてみよう。

引用文献

Atkinson, R. C., & Shiffrin, R. M. (1971). Human memory: A proposed system and its control processes. In K. W. Spence (Ed.), *The psychology of learning and motivation* (pp. 89-195). New York: Academic Press.

Baddeley, A. D. (2000). The episodic buffer: A new component of working memory? *Trends in Cognitive Sciences*, *4*, 417-423.

Baddeley, A. D., & Hitch, G. (1974). Working memory. In G. H. Bower (Ed.), *The psychology of learning and motivation: Advances in research and theory* (Vol. 8, pp. 47-89). New York: Academic Press.

Bartlett, F. C. (1932). *Remembering: A study in experimental and social psychology*. Cambridge, UK: Cambridge University Press.

Bower, G. H. (1981). Mood and memory. *American Psychologist, 36*, 129–148.

Chu, S., & Downes, J. J. (2000). Long live Proust: The odour-cued autobiographical memory bump. *Cognition, 75*, B41–B50.

Collins, A. M., & Quillian, M. R. (1969). Retrieval time from semantic memory. *Journal of Verbal Learning and Verbal Behavior, 8*, 240–247.

Craik, F. I. M., & Lockhart, R. S. (1972). Levels of processing: A framework for memory research. *Journal of Verbal Learning and Verbal Behavior, 11*, 671–684.

Ebbinghaus, H. (1964). *Memory: A contribution to experimental psychology* (H. A. Ruger & C. E. Bussenius, Trans.). New York: Dover Publication. (Original work *Über das gedächtnis*, published 1885)

Frenda, S. J., Knowles, E. D., Saletan, W., & Loftus, E. F. (2013). False memories of fabricated political events. *Journal of Experimental Social Psychology, 49*, 280–286.

Herz, R. S., Eliassen, J., Beland, S., & Souza, T. (2004). Neuroimaging evidence for the emotional potency of odor-evoked memory. *Neuropsychologia, 42*, 371–378.

Johnson, C., & Scott, B. (1976). Eyewitness testimony and suspect identification as a function of arousal, sex of witness, and scheduling of interrogation. In American Psychological Association Annual Meeting, Washington, D.C.

Loftus, E. F., Loftus, G. R., & Meesso, J. (1987). Some facts about "weapon focus". *Low and Human Behavior, 11*, 55–62.

Miller, G. A. (1956). The magical number seven, plus or minus two: Some limits on our capacity for processing information. *Psychological Review, 63*, 81–97.

森　敏昭（1992）．日常記憶研究の生態学的妥当性　広島大学教育学部紀要　第 1 部（心理学），*41*，123–129.

Murdoch, B. B., Jr. (1962). The serial position effect of free recall. *Journal of Experimental Psychology, 64*, 482–488.

Neisser, U. (1978). Memory: What are the important questions? In M. M. Gruneberg, P. E. Morris, & R. N. Sykes (Eds.), *Practical aspects of memory*. London: Academic Press.

苧阪満里子（2002）．脳のメモ帳──ワーキングメモリ　新曜社

大上　渉・箱田裕司・大沼夏子（2006）．凶器の視覚的特徴が目撃者の認知に及ぼす影響　心理学研究，*77*，443–451.

Pickel, K. L. (1998). Unusualness and threat as possible causes of "weapon focus". *Memory, 6*, 277–295.

第5章　学習のありかたは多様である

学習に関する心理学

1．学習とは

　学習とは「人間や動物が経験をかさねることによって，態度や行動様式に永続的な変化が生じ，その後の行動に効果をもつようになる現象やその過程」のことである。では，学習はどのように成立するのだろうか？

　次に紹介するエピソードは，どちらも料理に関するエピソードである。しかし，学習が成立する方法は少し異なる。では，どういう点が違うのだろうか。

　この春大学に入学したAさんとBさんは，これまで料理を自分で作ったことがなかった。入学後，Aさんはレストランでアルバイトをはじめた。初めは店の営業に直接影響が少ない掃除や皿洗いなどに従事することが多かったが，徐々に料理の下ごしらえなどもするようになった。一方，Bさんは，YouTubeで有名人の料理動画を見ては，真似をしながら料理を作ることを楽しんでいた。1年後，2人はそれなりに料理を作れるようになった。学習内容は同じではないが，どちらも料理に関する学習をしたといえる。このように，学習する領域は同じでも，どのように学習するかは違うのが普通である。本章では，学習が成立する仕組みを論じた主要な理論を複数紹介する。あなたがこれまでに身につけた知識，行動様式，思考様式等は，どのようなプロセスを経たものなのかを考えながら，読み進めてみよう。

2．刺激と反応の結びつきによる行動の増減

　くじ付きのお菓子を買って，何度も当たりが出たら，その後またそのお菓子を買うだろう。しかし，何度購入しても当たりが出ないと，そのお菓子を買う

頻度は少なくなる。このように刺激や状況に対する行動（反応）の増減を，学習が成立したか否かの指標とする考え方を行動主義的学習観という。

（1）反応結果が次の行動へつながる―レスポンデント条件づけによる学習

　心拍数や呼吸数，発汗，温度調節などの自律神経系活動に基盤をもつ行動（生理的な反応を伴う行動）は，生命維持のために機能している活動であり，意識して行うものではない。しかし，生理的な反応が，もともとは関係なかった特定の刺激に対する反応として生起することがある。

　ロシアの生理学者パブロフ（Pavlov, 1927）は，条件反射研究に携わる中で，生まれつき備わっている生理的な反応（例：空腹な犬に餌を与えると，唾液が出る）に着目し，生得的に強い反応を誘発する刺激と，それとは無関係な刺激が同時に提示される経験が何度も繰り返されると，新しい行動が身に付くというレスポンデント条件づけという学習プロセスを犬の実験によって明らかにした（図5-1）。

　たとえば，エサという刺激は，唾液を分泌するという生得的に強い反応を誘発する刺激（無条件刺激）であるが，ベルの音は，特定の行動を誘発しない刺激である（中性刺激）。無条件刺激と中性刺激を一緒に提示される経験（対提示）を何度もすると，本来特定の反応とは結びつかない中性刺激（ベルの音）が条件刺激となり，その刺激が提示されるだけで，反応する（唾液分泌）関係ができあがるのである。

　レスポンデント条件づけには，類似した条件刺激（例：ピアノの音）に対し

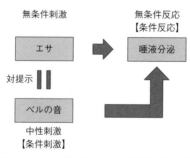

図5-1　レスポンデント条件づけのプロセス

ても条件反応が生じる「般化」という現象や，無条件刺激（例：エサ）を与え
ずに，条件刺激（例：ベルの音）のみを提示し続けると，条件刺激による条件
反応（例：唾液分泌）が消失する「消去」という現象もある。

　動物も人間も，大人も子どもも，特定の人やものへのレスポンデント条件づ
けが成立すると，快い感情と関係する人やものへの接近行動は増え，不快な感
情と関係する人やものには回避行動が生じる。たとえば，ある食べ物を食べた
後に体調を崩すと，その食べ物を食べる頻度は減少する。一般的に，レスポン
デント条件づけは，無条件刺激と条件刺激となる中性刺激の対提示を何回も経
験することによって成立するが，味覚に関する嫌悪条件づけはたった一度の経
験でも学習が成立してしまいやすく，偏食のきっかけとなるといわれている。

　レスポンデント条件づけで説明できる現象は多々ある。たとえば，長距離走
の練習日になると胃が痛くなったり，苦手な人と会うと筋肉が緊張し笑顔がひ
きつったり，犬に大きな声で吠えられた以後犬が近くに来ると心拍数が上がる
ようになった経験はないだろうか。これらは，特定のものや場面に対して過度
に不安や恐怖を感じてしまうレスポンデント条件づけが成立した状態像であり，
高所恐怖や閉所恐怖症や不潔恐怖症など○○恐怖症といわれる症状も同様で
ある。

　恐怖心を感じる刺激の代わりに，安心を感じる刺激との対提示を繰り返すと，
恐怖感が低減することがある。「系統的脱感作法」は，人は不安や恐怖を感じ
ると，筋肉が緊張するという生理現象に着目し，不安度を感じる場面で不安や
緊張を生じさせる刺激と，筋弛緩（リラックス）状態になる経験を対提示する
ことで，特定の刺激への不安や緊張反応の緩和を目指す方法である。実際には，
不安が弱い段階からはじめ，不安が弱い段階において筋弛緩ができるようにな
ると，少し不安が高い状況で試し，レベルを少しずつ上げていく。新たに条件
づけをし直すことで，不適応行動は減少すると考えられる。

（2）行動結果が次の行動へつながる―オペラント条件づけによる学習

　レスポンデント条件づけは，本人の意図に関係なく生じる生理的な反応を伴
う行動に着目した学習理論だが，オペラント条件づけは，本人が意図的に行う
行動に着目した学習理論である。ソーンダイク（Thorndike, 1911）やスキナー

（Skinner, 1961）は，ある個体（人）が自発的に何からの行動をしたことによって，そこにその個体にとっての報酬（強化子）が生じると，その行動を繰り返すようになることを，**オペラント条件づけ**と呼び，学習の成立ととらえた。

　本人によって好ましい報酬が得られたり，不快な刺激が取り除かれたりすると，そのきっかけとなった行動は増加する。一方，報酬が得られなかったり，不快な刺激が示されたりすると（罰と呼ばれる），行動が減少する。この原理は広く知られており，経験則とも一致する。人にとって報酬となる強化子は，物理的な強化子（お金，食べ物，洋服，欲しい品物など），社会的な強化子（他の人からのほめ言葉，承認，注目，愛情，同意など），心理的な強化子（満足感，達成感，気持ちいいなど）であるが，他者からのほめ言葉や承認といった社会的な強化子が最も報酬的価値が高いといわれている。このような強化子が，再度同じ行動を駆り立てるのである。人の行動は，報酬だけでなく罰でも変化するが，罰を与えるよりも報酬を与えたほうが，学習効果は高まることが知られている。

　実際は，いつどのタイミングで反応を強化していくか（強化スケジュール）によって，行動が強化（学習）される程度は異なる。強化スケジュールは大別すると，反応が起こるたびに強化する連続強化スケジュールと，すべての反応に対して強化せずに，一部の反応に対して強化する部分強化スケジュールがある。イラストのトムとリリーの会話を聞いてみよう。トムは連続強化，リリーは部分強化の手法を使って，食べ物や声掛けの報酬を手に入れているようである。部分強化スケジュールには，強化する回数や間隔が異なる4タイプがある。定率強化スケジュールは，一定回数の反応（行動）に対し

あすのが家に帰ってくると，俺はすぐ傍に行くんだ。あすのは喜んで，食べ物をくれるよ。

わかってないなー。たまに行くくらいの方が大喜びして，たくさんくれるよ。

て必ず強化する方法（例：出来高払いやショップのスタンプカード），変率強化スケジュールは，何回目で強化するかはその都度ランダムに変動するが，平均してある反応数が生起したとき強化する方法（例：パチンコや宝くじ），定時間隔強化スケジュールは，一定時間が経過した後の反応を強化する方法（例：給料やスーパーでの定期的なセール），変時間隔強化スケジュールは，どれくらい時間が経過した後に強化するかはその都度ランダムに変動するが，平均してあるきまった時間が経過した後に反応を強化する方法（例：魚釣りやスーパーで行われる告知なしのタイムサービス）がある。

　強化スケジュールによって，条件づけの成立しやすさや，条件づけの消去しやすさは異なる。連続強化は部分強化よりも学習が短時間で成立しやすいが，強化をやめると生起頻度が減少しやすい。一方，部分強化で学習された行動は連続強化で学習された行動より，生起頻度の減少は緩やかである（消去されにくい）。パチンコや宝くじなどのギャンブルがやめられなくなってしまうのは，ギャンブルは変率スケジュールでの部分強化なので，（うまくいった経験があると）うまくいかない経験が続いても，いつかはうまくいくと条件づけられているためである。

　オペラント条件づけの原理は，「プログラム学習」や「応用行動分析」に反映されている。「プログラム学習」は，学習者が自分のペースで積極的に進めることができるように，最終的な学習目標が到達するまでのステップがいくつかあり，教える側が学習者の反応に対して正誤を即時に伝える方法である。下位目標が一定の順序で配置されている「直線型」と，学習者の習得状況に合わせて進めていく経路が複数ある「枝分かれ型」があり，この考え方は，学校のテキストや「eラーニング」教材に反映されている。

　「応用行動分析」は，嗜癖や依存症の治療や，リハビリテーションでの身体機能訓練など，望ましい行動の習得を目指し，問題行動の頻度を減少させるときに使う方法である。人や動物は，①行動を誘発するような環境や刺激があると（［先行状況］），②自発的に何からの行動を行い（［反応］），③行動の結果，何らかの報酬が生じると，同じ経験を繰り返すようになる（［反応結果（強化子）］）。問題とされる行動が生じる構造を，「先行状況」−「反応」−「反応結果」の連鎖（例：Aくんは自分に注目されていないと感じると→鉛筆で文字を書くと

【「先行状況」－「反応」－「反応結果」の連鎖が成立するような具体例を考えてみよう。】

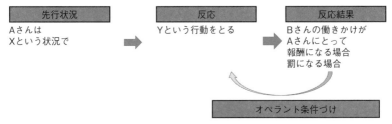

図5-2　オペラント条件づけが成立するしくみ

きに，大きな音を立てる→すると，まわりの人はAに注目する）で考えると（図5-2），Aはどういう状況で反応し，行動が続く報酬が何かを推測できる。

（3）観察した結果が次の自分の行動へつながる—観察学習

　私たちは，自分の行動結果から学ぶことは多い。しかし，世の中のすべてのことを直接経験できるわけではない。他者の行動を見たり，話を聞いたり，また，本や映像等を通じて疑似的な体験を通じて学習することも多い。直接強化されなくても，モデルとなる他者が行った行動が他者から評価（報酬や罰）される場面を見ることによって成立する学習を**観察学習**という（Bandura, 1971）。

　オペラント条件づけにおいて強化は必須条件だが，観察学習では，強化は1つの促進条件でしかない。観察学習は，①その人が観察対象の何に注意を向け（注意過程），②注意を向けた行動のどの点を記憶し（保持過程），③実際に自分でどの点を模倣し（運動再生過程），そして④結果を生み出すために必要な行動がうまくできそうであるという効力予期や，行動を起こせば結果が得られるだろうという結果予期をどの程度もてるか（動機づけ過程）の4つのプロセスによって成立する。バンデューラ（Bandura, 1977）は，学習の成立には，効力予期や結果予期も必要であると主張し，それらを自己効力感と呼んだ。自己効力感は，「自分が行為の主体であり，自分が行為を統制しており，外部からの要請に対応できるという確信の程度」であり，認知過程や動機づけ過程も学習成立の重要な要因とされている。

3．認知の変容

　前節は行動面に焦点を当てた学習理論を紹介してきたが，本節では物事をどのようにとらえているのかといった認知面に焦点を当てた学習理論を紹介する。学習とは，認知構造の変化であると考えるのである。

（1）洞察の成立による学習

　ケーラー（Köhler, 1925）は，ある場面の刺激の意味づけが変わることや，問題場面での目標と手段の関係を理解することにより生じる学習を**洞察学習**と呼んだ。チンパンジーを使った実験では，手の届かない場所に好物のバナナを置いたときに，チンパンジーがバナナをどのようにとるのか観察した。すると，チンパンジーはバナナを取るために，2本の棒をつなぎ合わせたり，箱を積み上げたりして，バナナを手に入れていた。ケーラーは，この様子から，チンパンジーが目標と手段の関係を理解し，見通しを立てた（洞察した）ことによって問題が解決したと考えた。偶然の成功ではなく，状況を把握した結果，ひらめきによる洞察学習は，人間にも生じる現象である。

（2）情報処理的な学習

　認知面に着目した学習観には，人間の学習をコンピューターの**情報処理**にたとえたものもある。情報処理モデルでは，情報を外部から取り入れ，その情報を操作し保存し情報を出力するシステムが想定される。私たちは，すでにもっている知識をベースに新しい情報を取り入れながら，**情報**を保存したり加工したり再構造化しながら（この過程のことを，記憶や思考と表現する），知識を変容させていると考えるのである。

　私たちは，日常生活を通じて，身の回りの事物や現象を認知しながら，知識や概念を身に付けているが，新しい情報を得ることで，これまで抱いていた知識や概念の理解が不十分であることに気づくことは多い。たとえば，「勾配の急な滑り台で真っ直ぐ立つことは難しい」「私が歩いている地面は平らである」という認識をもっている子どもがいたとする。その子どもが「地球は丸く，人

は丸い地球の上に立っている」という事実を聞くと，それまで自分が抱いていた地球の概念がゆらぐだろう。私たちがもっている経験をもとにした直感的な概念は**素朴概念**といわれ，科学的概念（例：「地球は丸く，人は丸い地球の上に立っている」）とずれる場合がある。すでにもっている知識や概念の不整合（認知的葛藤）に気づくことは，知識や概念を再構造化する機会になりやすいため，（Wellman, 1990），学校では，あえて子どもの考えが揺らぐような発問をしたり，話し合いを取り入れたりするなど，子どもたちが認知的葛藤を感じる機会を重視している。

　同じ経験をしても，人によって経験のとらえ方は異なっており，そのとらえ方がその後の不適応行動を生じさせる場合もある。認知が偏っていることにより不適応行動が生じている場合は，その認知が変容すると，不適応行動は減少する。認知に着目した支援方法である「**認知行動療法**」や「**認知カウンセリング**」は，教育現場や臨床現場でよく活用されている。「認知行動療法」は，問題となっている出来事そのものが感情を生じさせるのではなく，当事者の出来事に対する受け取り方が感情や行動を引き出すと考える。人間はある種の根拠のない否定的な思い込み（不合理な信念）をもつことがあるため，不合理な信念を合理的な信念に変えると，過度の怒りや不快感情が低減し，行動も変容すると考えられている（第13章，第14章も参照）。「認知カウンセリング」は，学習者の認知的な問題を明らかにすることによって，学習者自身が自らの学習状況を適切に把握し，学習目標の達成に向けて主体的に学習できるよう支援する手法である（市川，2014）。

（3）熟達者とは

　これまで，行動面や認知面に焦点を当てた学習理論を紹介し，学習に関する一般的なメカニズムを説明してきたが，ある特定の領域の専門知識や技能に秀でている**熟達者**が獲得しているスキルや知識はどのようなものなのかを調べることで，学習とは何かを考える立場がある。興味のある内容やよく経験する内容，そして，適性のある分野において，領域固有の知識や技能が高まるには，何が重要なのだろうか？　初心者と熟達者を比較した研究によると，熟達者は，得意な領域に関して豊富な知識があるだけでなく，それらの知識を意味ある形

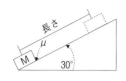

初心者の説明
　「斜面のブロックに関する問題です」
　「角度がある斜面にブロックがのっています」

熟達者の説明
　「エネルギー保存の問題です」
　「この問題はエネルギーを考慮することにより解
　　決できる問題です。エネルギー保存の法則を知っ
　　ていれば，この問題を解くのは簡単でしょう」

図5-3　初心者と熟達者の説明 (Chi et al., 1981)

式に体制化している。そのため，問題解決する際に，もっている情報をいつ，どこで，使うべきかを考える過程で，定跡（情報の意味あるパターン）を認識できるようである（Bransford et al., 2000 森・秋田監訳，2002）。熟達者の研究は，将棋，チェス，物理学，数学，電子工学，歴史学，教師，スポーツ選手，俳優，画家など，いろんな分野の専門家を対象に行われている。たとえば，チィらは（Chi et al., 1981），物理学の博士号取得者（熟達者）と学部学生（初心者）に，物理学の問題を複数見せて，問題を分類する際の着眼点について尋ねている。初心者と熟達者は，図5-3に示した図を見て何を表しているものと答えるだろう？　推測してみよう。チィら（Chi et al., 1981）によれば，初心者は問題の表面的な特徴に言及するが，熟達者は，問題解決にとって本質的な点や，問題を解く際に適用されるべき原理や法則に言及する。熟達者研究は，表面的な理解しか伴わないままに，いくら数多くの単元をこなしても，学習や仕事の能力の向上にはつながりにくいことや，初心者が知識を体制化できるような支援の重要性を示唆している。

4．社会的・文化的集団への参加

　これまで説明してきた学習理論は，学習を個の単位で考え，人がどのように行動や知識（認知）を獲得するかを論じたものだが，1990年頃から，人はある特定の実践の共同体に参加し，様々な社会的活動に参与することを通して知識や技能を学習するという考え方（「**状況に埋め込まれた学習**」）が提唱されるようになった（Lave & Wenger, 1991）。たとえば，学校での学習は，学校という状況に埋め込まれていると考え，アルバイト先のレストランでの学習は，レ

ストランという状況に埋め込まれていると考えるのである。

　レイブとウェンガー（Lave & Wenger, 1991）は，**正統的周辺参加**という枠組みを用いて，学習とは，「実践共同体」への参加を通してなされるアイデンティティの形成過程であると説明した。実践の共同体に参加する新参者は古参者の仕事を見て，共同体の周辺的な仕事を行う時期から，次第に責任あることを少しずつ任される時期を経て，共同体に十全的な参加（一人前の仕事）をするようになる。参加の初期段階では仕事を失敗しても大事にはならない役割を担うという意味で「周辺参加」からスタートし，やがてその共同体の重要な活動を担うことができる「十全的参加」へと参加度合いを深めながら一人前の成員になっていくのである。一人前になる過程は，特定の知識や技術だけでなく，全人格的な意味でのアイデンティティ形成（自分づくり）につながる学習過程であるといえるだろう。「正統的周辺参加」の考え方は，見習いが職人文化の中で職人としての能力を獲得していく過程をモデルとした学習理論であるが，初心者の学習がうまくいくためのいくつかの要因（参加の度合い，実践全体へのアクセス，アイデンティティの形成を徐々に進展させること）が含まれており，家庭，学校，会社，地域等の社会文化的な集団を通じた学習のありかたを説明するモデルとして評価されている（Brown et al., 1989）。

　本章では，個のレベルで行われている学習から，集団となり社会として形成された場において適応的に昇華されながら進んでいく学習まで取り上げた。私たちは，複数の説明水準を念頭に置きながら，場面場面で最適な学習理論を選択しながら問題に対処し，新たな学習のフレームワークを構築していくことが必要である。

（倉盛美穂子）

調べてみよう，考えてみよう！
①あなたが小中高校で学習してきたこと（教科的な知識，運動スキル，物の操作技術，対人関係等）はどのようなプロセスを経て成立したものだろう。
②①であげた行動を複数の理論を用いて説明してみよう。

引用文献 ———

Bandura, A. (1971). *Social learning theory*. New York: General Learning Press.

Bandura, A. (1977). Self-efficency: Toward a unifying theory of behavioral change. *Psychological Review*, *84*, 191-215.

Bransford, J. D., Brown, A. L., & Cocking, R. R. (Eds.). (2000). *How people learn: Brain, mind, experience, and school* (expanded ed.). Washington, D.C.: The National Academies Press. (米国学術研究推進会議（編著）森敏昭・秋田喜代美（監訳）21 世紀の認知心理学を創る会（訳）(2002). 授業を変える―認知心理学のさらなる挑戦　北大路書房)

Brown, J. S., Collins, A., & Duguid, P. (1989). Situated cognition and the culture of learning. *Educational Researcher*, *18*, 32-42.

Chi, M. T. H., Feltovich, P. J., & Glaser, R. (1981). Categorization and representation of physics problems by experts and novices. *Cognitive Science*, *5*, 121-152.

市川伸一（2014). 学力と学習支援の心理学　放送大学教育振興会

Köhler, W. (1925). *The mentality of apes*. New York: Harcourt Brace & World.

Lave, J., & Wenger, E. (1991). *Situated learning: Legitimate peripheral partcipation*. New York: Cambridge University Press. (佐伯　胖（訳）(1993). 状況に埋め込まれた学習―正統的周辺参加　産業図書)

Pavlov, I. P. (1927). *Conditioned reflexes: An investigation of the physiological activity of the cerebral cortex*. Oxford University Press.

Skinner, B. F. (1961). Teaching machines. *Scientific American*, *205*, 90-102.

Thorndike, E. L. (1911). *Animal intelligence*. New York: Macmillan.

Wellman, H. M. (1990) *The child's theory of mind*. Cambridge, MA: MIT Press.

第6章　批判的思考ってなんだろう？
構成要素・獲得・文脈の3つのモデル

　私たちは，毎日様々な情報を目にする。その中には，信頼できる情報もあれば，そうでないものも多く含まれる。デマやフェイクニュースなどの誤った情報を信じていると，誤った判断をしてしまう。膨大な情報の中から，信頼できるものとそうでないものを区別するにはどうしたらよいだろうか。**批判的思考**（critical thinking）はこのような問いに関わる思考である。批判的思考の学術的によく引用される定義として，「何を信じ，どう行動するかの決定に焦点を当てた合理的で内省的な思考」（Ennis, 1987）があげられる。この定義にはいくつかの特徴がある。まず，与えられた情報を鵜呑みにしたり，他者に言われたまま動いたりするのではなく，自分の信念や行動を主体的に決定するという目標をもっていること，感情や直観にまかせた思考とは区別されること（合理的），そして，自分自身の思考そのものを吟味する冷静で熟慮的な思考であること（内省的）である。20世紀初頭に米国の哲学者デューイ（Dewey, J.）が批判的に考えることの重要性を投げかけて以降，批判的思考研究が興隆し，今日にいたるまで様々な知見が蓄積されている。批判的思考研究のアプローチは，①構成要素モデル，②獲得モデル，③文脈モデルの3つに分けられる（楠見，2015）。構成要素モデルは，批判的思考がどのような要素で構成されているのかを検討する。獲得モデルでは，批判的思考の認知発達プロセスを明らかにしたり，教授・学習プロセスを経てどのように育成されるのか，その方法や効果を検討したりするアプローチである。文脈モデルは，批判的思考が現実場面で実行される際に，状況や領域特性，社会的要因などの影響をどのように受けるのかについて説明するモデルである。本章では，これらのアプローチにそって，批判的思考について考えてみよう。

1. 構成要素モデル

　批判的思考とは具体的にどのような思考のことを指すのだろうか。批判的思考の**構成要素モデル**では，批判的思考がどのような要素から構成される思考であるかという問いに焦点が当てられる。批判的思考は，主に認知的側面（能力，スキル）と情意的側面（態度，傾向性）という2つの構成要素から考えられてきた。ここでは，ファシオネ（Facione, 1990a）が中心となって米国で実施した調査に基づく批判的思考の概念を紹介する。この調査は，望ましい批判的思考者に関するコンセンサスを形成することを目的として行われたもので，批判的思考研究や教育に関わっている専門家たちに，「自分たちの学生に身に付けさせたいスキルと傾向性を明確にするには，批判的思考をどのように定義すべきか」という質問をしている。調査の結果得られたコンセンサスは，批判的思考に認知的側面と情意的側面があるというものである。

　認知的側面には「解釈，分析，評価，推論，説明，自己制御」という中心的な6つのスキルが含まれる（表6-1）。具体例として，ソーシャルメディアで特定の商品が健康増進に効果があるとする広告メッセージを偶然目にした状況を考えてみよう。自身や他者にとってのそのメッセージの重要性やそこで示されているデータの意味を理解し（解釈），「増進」や「効果がある」という言葉がどのような意味で用いられているのかを明らかにする（分析）。また，示されているデータから「効果がある」という主張を導くことの妥当性を検討したり（評価），データが信頼に足るものか確認し，商品の評価に対する態度を決定する（推論）。場合によっては，これらを他者に伝えたり（説明），自分の判断を見直したりする（自己制御）。

　情意的側面とは，批判的スキルを適用する意欲や動機のことである。また，それを習慣的に，より広い範囲の事柄に適用しようとする傾向性も含まれる。その適用範囲は，学校などの教育場面で出会う問題だけでなく，その人の個人的な問題，そして一市民として出会う社会的な問題まで広げることができる。情意的側面は，批判的に判断する対象の性質から，人生や生活全般に対するアプローチと特定の問題に対するアプローチの2つに分けられる。

表6-1　批判的思考の構成要素（Facione, 1990a）

〈認知的側面〉	
解釈	分類，重要性・意義の理解，意味の明確化
分析	アイデアの検証，議論の明確化と分析
評価	主張の評価，議論の評価
推論	証拠の確認，他の可能性や代替案の検討，結論の導出
説明	結果の説明，手続きの適切性の説明，議論の報告
自己制御	自己検証，自己修正

〈情意的側面〉

人生や生活全般に対するアプローチ

　　幅広い問題に関する好奇心 / 十分な情報を得ることへの関心 / 批判的思考を用いる機会への注意 / 合理的な探究プロセスへの信頼 / 自分自身の推論能力に対する自信 / 多様な世界観に開かれた心 / 代替案や意見を考慮する柔軟性 / 他者の意見に対する理解 / 推論を評価する際の誠実さ / 自分の思考の歪みや偏見，ステレオタイプ，自己中心性と向かい合う正直さ / 判断を下す・保留にする・変更する際の慎重さ / 変更が必要であるときに再考し修正する意欲

特定の問題や問いに対するアプローチ

　　問いや問題を述べる際の明確性 / 複雑な事柄を整理して扱うこと / 関連情報を探す勤勉性 / 規準の選択と適用における合理性 / 目下抱えている問題に集中することへの注意 / 困難が発生した際の粘り強さ / 可能な限り正確であること

　良い批判的思考者は，認知的側面と情意的側面の両方を兼ね備えている必要がある。すなわち，ある人が批判的思考スキルの訓練を受けていたとしても，精神的に怠惰で事実確認をする意欲をもっていない場合や，合理的な議論を提示されても意見を曲げないようであれば，その人は望ましい批判的思考者とはみなされない。同様に，議論を誠実に評価しようとする意欲をもっていても，それを評価する知識やスキルに乏しければ，良い批判的思考者とはみなされない。

2．獲得モデル

　批判的思考のスキルや能力や態度を私たちはどのように身に付けるのだろうか。また，それはどのような教授法でよりよく伸ばすことができ，どのようにそれを測定することができるのだろうか。批判的思考の**獲得モデル**では，批判的思考の認知的発達，教育方法，そして教育効果の測定に焦点が当てられる。

（1）批判的思考の発達

　批判的思考の獲得モデルに関する研究は大学生を対象にしたものが多く，幼児期からの批判的思考の発達に関する包括的な知見はまだ十分確立されていない（道田，2015）。その背景には，後述するように批判的思考の測定方法が基本的な言語理解を前提とした構成になっていることや，批判的思考の構成要素が多岐にわたることなどが考えられる。しかし，批判的思考と関連するスキルの一部については，何歳頃から見られるようになるのか実証的な研究が蓄積されてきている。たとえば，情報源の信頼性を評価する未就学児のスキルを検討した実験（Mills & Elashi, 2014）がある。まず，ある問い（冬になぜコートを着るの？）に対して 3 匹の人形がそれぞれ「正しい知識をもつ／間違った知識（外が暑い時に着ると涼しくなるから）をもつ／知識をもたない（知らない）」ことを幼児に観察させる。次に，幼児自身が箱の中身を当てるときに，どの人形に質問をするか尋ねる。あなたならどの人形に質問するだろうか。年長児になると正しい知識をもつ人形を選択する傾向が見られた。別の実験では，十分な証拠をもって主張をする人形と証拠をもたずに主張をする人形の様子を見せたところ，前者をより受け入れる傾向が 3 歳児にも見られた（Butler et al., 2018）。これらの研究は，情報を吟味し，何を信じるべきかといった批判的思考の一部が就学前から始まっていることを示している。

（2）批判的思考の教育

　批判的思考の**教育**方法は，それを明示的に扱うか否かによって，ⓐジェネラルアプローチ，ⓑインフュージョンアプローチ，ⓒイマージョンアプローチ，ⓓ混合アプローチに分けられる（Ennis, 2009）。ジェネラルアプローチは，批判的思考そのものを学ぶための科目（例：論理学）の中で，批判的思考のスキルや態度を教える方法である。一方，他の科目の中で批判的思考の獲得を目指すもののうち，批判的思考のスキルや態度を明示的に教えるものをインフュージョンアプローチ，非明示的に扱うものをイマージョンアプローチと呼ぶ。これら 3 つのアプローチのうち複数を組み合わせて行う方法は混合アプローチと呼ばれる。たとえば，学期中の授業で，数回はジェネラルアプローチで批判的思考のスキルや態度を明示的に教え，他の回では批判的思考スキルの適用の仕

方を授業科目の具体的内容を題材として学習するという方法である。

　批判的思考の教育方法には，**文化的要因**を考慮したものもある。第1節で述べた批判的思考の概念は，米国を中心とした西洋の価値観における「良い思考」であり，日本や中国などの東アジアの文化における「良い思考」とは必ずしも合致しないことが指摘されている（Howe, 2004; Manalo et al., 2015）。東洋の文化では，目上の人を尊重することや社会的調和に重きが置かれるなど，論理や客観的証拠よりも相手の気持ちや考え方を考慮した判断が求められることも多い。この背景には，東洋文化は多くの文脈情報を共有しているため，明示的に表出しなくてもコミュニケーションが可能となる高コンテクスト文化であるのに対し，西洋文化は文脈的情報を潜在的に共有していないため，規準に基づく思考が必要となる低コンテクスト文化であるという違いがあると考えられる（山, 2011）。ダーキン（Durkin, 2008）は，西洋式の「強い意味」での批判的思考教育が「レスリング・ディベート」になる傾向があり，「融和的対話」を重んじる東洋文化圏から英国の大学に来た留学生がしばしばなじめないことがあることを取り上げ，両方の特徴を取り込み，他者との関係性や調和を重視しつつ批判的思考を育成する「中道式」の教育を提唱している（表6-2）。

表6-2　「中道式」の批判的思考教育（Durkin, 2008を改変）

融和的対話	中道式	レスリング・ディベート
高コンテクスト／推論	理解のある率直さ	低コンテクスト／率直さ
直接的には反対意見を出さない	間接的・誠実な問いかけ	直接的な反対意見
「真実の探究」よりも調和の維持を優先	攻撃的でない，共感をともなう真実の探究	真実の積極的な探究
用心深く，自己批判的，聞くことに焦点	注意深い表現	自由な自己表現
対立より調和	融和的推論，非形式論理	‘争い’のメンタリティ
チームワーク：関係志向，序列，調和	チームワーク：攻撃を避けつつ，他者の意見を慎重に評価，関係の維持	チームワーク：課題志向，批判的ディベート

（3）批判的思考の測定

　批判的思考の測定は認知的側面と情意的側面で分けて行われる。批判的思考の認知的側面を測定するテストとして，ワトソン・グレーザー・クリティカルシンキングテスト（WGCTA），カリフォルニア・クリティカルシンキングスキルテスト（CCTST），コーネル・クリティカルシンキングテスト（CCTT）などがあげられる。最も古い批判的思考能力テストである WGCTA は1951年に始まって以降，改訂を重ね，多くの研究や教育で用いられている。オリジナルの WGCTA を短くした WGCTA-FS は，推論（真偽判断），前提の同定，演繹推論，解釈，議論の下位尺度から構成される。回答者は45分の制限時間内に５つの文章題を読み，それぞれの文章の内容に関する合計40項目の質問に選択式で回答する形式になっている。このようなテストを教育目的で用いる場合は，単にスコアのみに着目するのではなく，学習者が批判的に考えることによって正解に到達しているかどうかを重視することが必要である。なお，CCTST は，表６-１の認知的側面のうち自己制御を除く５つのスキルを測定する項目しか含まれていない。通常，批判的思考**能力テスト**では，批判的に考えることを明示的に求められるため，自己制御といったメタ認知的性質は反映されにくい。このため，批判的思考能力テストで測定されるものは，批判的思考全体の一部であるという点に注意しておく必要がある。

　批判的思考の情意的側面を測定する尺度としては，カリフォルニア・クリティカルシンキング尺度（CCTDI）や日本では平山・楠見（2004）の批判的思考態度尺度があげられる。CCTDI は，CCTST とともに，上述の調査で得られた批判的思考に関するコンセンサスに基づいて開発されており，７因子（例：オープンマインドネス，真実の追求心，体系性）に関する75項目の質問から構成される（Facione et al., 2000）。各質問項目に対して６件法（強く同意しない〜強く同意する）で回答する形式になっている。

　批判的思考の能力テストや**態度尺度**は，批判的思考の認知的側面と情意的側面の関連を検討する研究目的で使用されたり，批判的思考を育成する教育実践の事前と事後で比較してその効果を検証するなどの教育目的で用いられたりしている（Zoller, 2000; Yang & Chou, 2008）。

3．文脈モデル

　批判的思考の**文脈モデル**では，状況や社会的要因などに着目し，現実場面で
批判的思考がどのように適応的に実行されるかに焦点が当てられる。批判的思
考教育において獲得された批判的思考スキルが，学校やテストという特別な状
況にとどまらず，広く社会という異なる状況においても実行されるか否かは教
育的な関心の1つでもある。しかしながら，獲得された批判的思考は常に発揮
されるわけではない（道田，2001; 田中，2009）。ここでは，現実場面における
批判的思考スキルの発揮についてメタ認知の機能から考える。

（1）メタ認知

　メタ認知（metacognition）とは，自身の記憶や思考といった認知を高次の
視点から認知することである（Flavell, 1979）。その性質から，認知に関する
メタ認知的知識と実行プロセスであるメタ認知活動に分けられる。**メタ認知的
知識**には，自身や人全般の認知特性に関する知識，課題に関する知識，方略に
ついての知識がある。たとえば，英単語を覚えるとき，自分は書いて覚えるよ
りも音読したほうが記憶に残りやすいという経験的な知識をもっていることや，
レポート課題に取り組むときはある程度書き終えたら一旦寝かして，あらため
て見直すプロセスを入れたほうが誤字脱字に気づきやすいなどの課題や方略に
関する知識をもつことがこれにあたる。一方，**メタ認知的活動**には，自身の認
知活動を**モニタリング**することと，目標を考慮しながら適宜修正する**コント
ロール**がある。たとえば，人前で発表をしている際に，言おうと思っていた事
柄を飛ばしてしまっていることや早口になっていることに気づくことはモニタ
リングであり，発表の流れを一部修正して頃合いを見計らって飛ばしてしまっ
た説明を補足したり，話すスピードを少し遅くしたりすることはコントロール
にあたる。

（2）批判的思考プロセスにおけるメタ認知

　多くの批判的思考の定義に共通する特徴は，批判的スキルを適用する際のメ

タ認知の重要性である。たとえば，発達心理学者であるディーンとクーンは
「批判的思考者は，自分自身の思考への気づきや自己や他者の思考を認知の対
象として省察する」と述べている（Dean & Kuhn, 2003）。また，自身の幼児
研究の経験から，子どもに特定の文脈で特定の思考スキルを適用することを教
えることはそれほど難しくはないが，子どもが先生に指示される環境の外に出
た後，その子が引き続き思考スキルを実行する（転移）かどうかはメタレベル
での制御にかかっていると指摘する。また，上述の批判的思考のコンセンサス
でも，認知的側面の中にメタ認知的活動である「自己制御（自分の認知活動や
その活動で用いられている要素，認知活動で得られた結果を意識的にモニター
すること）」が含まれている（Facione, 1990b）。自己制御は，さらに「自己検
証」と「自己修正」に分けられる。「自己検証」は，批判的思考スキルを適切
に適用しているか，自身の思考がバイアスや知識不足の影響を受けていないか
などを確認するスキルである。「自己修正」は，自己検証の結果として思考の
誤りや不備が見つかった場合に，その原因を改善するスキルである。これらの
自己制御スキルは，他の「分析」や「評価」といった批判的思考スキルを制御
するメタ認知スキルとして位置づけられている。

　図 6-1 は，従来の批判的思考の認知的要素をその性質から 4 つのカテゴ
リーに分けたものである（Davies & Barnett, 2015）。「低次の思考スキル」は，
前提の同定や不明確な用語などを明確にする質問といったことが含まれる。比
較的難易度が低く，**認知資源**を要さずに実行できるものの，次の主張の分析や
主張同士の関連性を検討する「高次の思考スキル」を実行する際の土台となる
ことから基礎的スキルとして位置づけられる。また，複数の主張から構成され

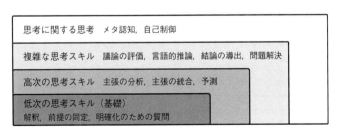

図 6-1　批判的思考スキル（Davies & Barnett, 2015を改変）

る議論の評価や最終的な結論の導出といった「複雑な思考スキル」は，高次の思考スキルを土台としている。最後の「思考に関する思考」は，低次から複雑なレベルまでの思考をモニタリングし，修正するメタ認知的スキルである。このように，批判的思考とは，単に低次や高次の思考スキルを保持することや特定の文脈で特定のスキルを実行するということだけでなく，自分の思考スキルの適用が適切であるか振り返り，うまくいっていない場合は自己修正していくといったメタ認知を含む一連の認知プロセスとしてとらえられる。

（3）批判的思考の認知プロセスモデル

　批判的思考は認知資源を要する思考である。昨今の情報化社会で私たちは日々様々な情報にさらされながら，無数の意思決定を行っている。有限である認知資源を有効に活用するためには，瑣末な事柄に認知資源を浪費させることなく，どの事柄にそれを配分するかといったメタ認知的な判断が求められる。また，批判的思考は目標志向的な思考であり，適切な目標に向かって批判的思考を行うためにもメタ認知が必要である。図6-2は，ハルパーン（Halpern, 2013）の概念モデルと複数の実証研究に基づき，批判的思考を①批判的思考スキルの使用判断プロセス，②スキルの適用プロセス，③表出判断プロセスという一連の**認知プロセス**としてとらえたモデル図である（田中・楠見, 2007）。

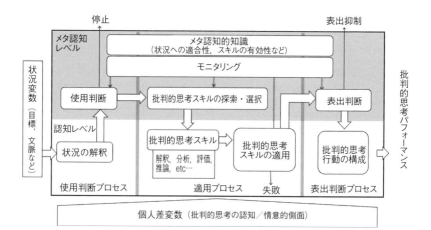

図6-2　批判的思考の認知プロセスモデル（田中・楠見, 2007を一部改変）

使用判断プロセスでは，まず，課題の特徴や状況を解釈し，批判的スキルを用いて考える必要があるかどうかの判断がなされる。前述の健康増進商品に関するメッセージをソーシャルメディアで目にした場合を例に考えてみよう。直感的に購入意欲が湧くと同時に躊躇する気持ちも生起したとき，「いや，ここはよく考えるべきだ」だと判断する人もいれば，「直感にまかせて購入したらよ

い」と考える人もいるだろう。後者の場合，批判的思考はここで停止する。

　批判的に考える必要があると判断された場合，利用可能な複数の批判的思考スキルのうちどのスキルの適用が望ましいかを判断する次のプロセスに進む。特定の批判的思考スキルの適用が望ましいと考えられ，かつそのスキルを適用する能力があれば実行される。「健康増進に効果がある」という主張でいえば，それがどのような根拠に基づいてなされているのか（例：実験的に検証されているのか，個人的な感想なのか）を調べることや，メッセージの送り手が信頼できる情報源であるか検討することがあげられる。批判的思考スキルを適用している間，スキルの適用がうまくいっているか，望ましい結果が得られそうか（例：疑問は解決されたか，購入するかどうか判断するための十分な情報が収集できたか）などをモニタリングする。スキルの適用がうまくいっていない場合は利用可能な他のスキルを適用するといった自己修正が行われる。

　批判的思考スキルを適用した結果，その健康増進をうたう商品に科学的根拠がないだけでなく，健康に有害である物質が含まれていることが判明したとしよう。最後の表出判断プロセスは，このように批判的思考スキルを適用した結果を具体的な行為として表出するか否かを判断するプロセスである。表出すると判断した場合，友達や家族が被害にあわないよう情報を共有したり，注意を呼びかけるメッセージをソーシャルメディアに投稿したりするといった行動に移る。ここでは，第2節で述べたように，文化的背景などを考慮した表現の選

択も必要になってくるだろう。メッセージの問題点を明確に直接的に指摘することが求められる場合もあれば，攻撃的ととらえられないよう言葉を選びながら指摘することが求められる場合もある。このように，批判的思考とは，使用判断から表出判断まで幾重にも重なる判断と実行から構成される一連の認知プロセスとみなされる。

（田中優子）

調べてみよう，考えてみよう！

①批判的思考を行ったときの自分の認知プロセスを書き出してみよう。なぜ批判的思考が必要だと判断したのだろうか。そして，どのような批判的思考スキルを適用しただろうか。他にも適用できるスキルはあっただろうか。

②他者の発言の正しさに疑問を抱いたとき，指摘することをためらった経験はないだろうか。その判断には何が影響していただろうか。ためらった要因を回避して，その疑問を相手とうまく共有する表現はないか考えてみよう。

引用文献

Butler, L. P., Schmidt, M. F. H., Tavassolie, N. S., & Gibbs, H. M. (2018). Children's evaluation of verified and unverified claims. *Journal of Experimental Child Psychology, 176*, 73-83.

Davies, M., & Barnett, D. (Eds.) (2015). *The Palgrave handbook of critical thinking in higher education*. New York: Palgrave Macmillan.

Dean, D., & Kuhn, D. (2003). *Metacognition and critical thinking*. ERIC Document #ED477930.

Durkin, K. (2008). The middle way: East Asian master students' perceptions of critical argumentation in U.K. universities. *Journal of Studies in International Education, 12*, 38-55.

Ennis, R. H. (1987). A taxonomy of critical thinking dispositions and abilities. In J. B. Baron & R. J. Sternberg (Eds.), *Teaching thinking skills* (pp. 9-26). New York: W. H. Freeman.

Ennis, R. H. (2009). Critical thinking and subject specificity: Clarification and needed research. *Educational Researcher, 18*, 4-10.

Facione, P. A. (1990a). *Critical thinking: A statement of expert consensus for purposes of educational assessment and instruction (Executive summary)*. Millbrae, CA: The California Academic Press.

Facione, P. A. (1990b). *The California critical thinking skills test: College level. Technical report # 1 Experimental validation and content validity*. Millbrae, CA: California Academic Press.

Facione, P. A., Facione, N. C., & Giancarlo, C. A. (2000). The disposition toward critical thinking: Its character, measurement, and relationship to critical thinking skill. *Informal Logic, 20*, 61-84.

Flavell, J. H. (1979). Metacognition and cognitive monitoring: A new area of cognitive-developmental inquiry. *American Psychologist, 34*, 906-911.

Halpern, D. F. (2013). *Thought and knowledge: An introduction to critical thinking* (5th ed.). New York: Psychology Press.

平山るみ・楠見　孝 (2004). 批判的思考態度が結論導出プロセスに及ぼす影響―証拠評価と結論生成課題を用いての検討― 教育心理学研究, *52*, 186-198.

Howe, E. R. (2004). Canadian and Japanese teachers' conceptions of critical thinking: A comparative study. *Teachers and Teaching: Theory and Practice, 10*, 505-525.

楠見　孝（2015）．心理学と批判的思考─構成概念とプロセスの全体像　楠見　孝・道田泰司（編著）　ワードマップ批判的思考─21世紀を生きぬくリテラシーの基盤（pp. 18-23）　新曜社

道田泰司（2001）．日常的題材に対する大学生の批判的思考─態度と能力の学年差と専攻差─　教育心理学研究, *49*, 41-49.

道田泰司（2015）．批判的思考の発達─幼児期／児童期／大学生　楠見　孝・道田泰司（編著）　ワードマップ批判的思考─21世紀を生きぬくリテラシーの基盤（pp. 84-89）　新曜社

Manalo, E., Kusumi, T., Koyasu, M., Michita, Y., & Tanaka, Y.（2015）. Do students from different cultures think differently about critical and other thinking skills? In M. Davies & D. Barnett（Eds.）, *The Palgrave handbook of critical thinking in higher education*（pp. 299-316）. New York: Palgrave Macmillan.

Mills, C. M., & Elashi, F. B.（2014）. Children's skepticism: Developmental and individual differences in children's ability to detect and explain distorted claims. *Journal of Experimental Child Psychology, 124*, 1 -17.

田中優子（2009）．批判的思考の促進・抑制に及ぼす論法のタイプ，外的要求，情報ソースの信憑性の効果　日本教育工学会論文誌, *33*, 63-70.

田中優子・楠見　孝（2007）．批判的思考プロセスにおけるメタ認知の役割　心理学評論, *50*, 256-269.

山　祐嗣（2011）批判的思考と適応─批判的思考がとくに必要な状況　楠見　孝・子安増生・道田泰司（編著）　批判的思考を育む─学士力と社会人基礎力の基盤形成（pp. 66-86）　有斐閣

Yang, Y. C., & Chou, H.（2008）. Beyond critical thinking skills: Investigating the relationship between critical thinking skills and dispositions through different online instructional strategies. *British Journal of Educational Technology, 39*, 666-684.

Zoller, U.（2000）. The disposition toward critical thinking of high school and university science students: An interintra Israeli-Italian study. *International Journal of Science Education, 22*, 571-582.

第7章　創造的な知性の秘密に迫ってみよう
創造的思考の心理学

1．創造性とは

（1）創造性の定義をめぐって

　ゴッホ，ダ・ヴィンチ，ベートーヴェン，チャイコフスキー，夏目漱石，ヘミングウェイ，サン＝テグジュペリ，エジソン，ナイチンゲール，マザーテレサ，ガンディー，チャーチル（図7-1も参照）。今，あげた人物について，創造的な人物とまとめたら，あなたはどのように感じるだろうか。疑問はないだろうか。あなたが創造的だと思う人物を図7-1に加えてみてほしい。その人は，どのような人物だろうか。

　創造性というとき，芸術家（ゴッホやベートーヴェン）や科学者（エジソ

ヴィンセント・ファン・ゴッホ　ルートヴィヒ・ヴァン・ベートーヴェン　トマス・アルヴァ・エジソン
（1853 - 1890）　　　　（1770 - 1827）　　　　　（1847 - 1931）

フローレンス・ナイチンゲール　モハンダス・ガラムチャンド・ガンディー　ウィンストン・チャーチル
（1820 - 1910）　　　　（1869 - 1948）　　　　　（1874 - 1965）
図7-1　日本の大学生にもよく知られている歴史上の人物

ン）は当てはまるが，ガンディーのようなリーダーや，ナイチンゲールといっ
た奉仕活動者に創造性という形容は馴染まないと思うかもしれない。政治家と
してのチャーチルは創造的だとはいえないが，作家としてのチャーチルは創造
的な人物だと感じる人もいるだろう。この疑問には，創造性の〈領域〉のとら
え方が関わっている。

　創造的な人物というとき，他の人には思いつかない，何か新奇な理論や作品，
活動を生み出した人という点は共有できるだろう。だが，創造性の判断基準と
なる新奇性はいつ，どのように判断されると考えているだろうか。生前，その
作品が評価されなかったゴッホのような人物や，人気の浮沈を経たような人々
は，彼らの作品や理論を作り出した時点で創造性を発揮していたと考えるだろ
うか。もしそのように考えるとしたら，それは，創造性は，個人の頭の中で起
こる洞察（ひらめきや発見）のことだととらえているからかもしれない。

　また，ある〈領域〉の専門家に限らず，私たちは日常生活で困ったときや生
活を豊かにしようとするとき，斬新なアイデアで問題を解決することがある。
ボーデン（Boden, 1990）は，歴史的には新しくなくても個人の中での新しい
発想を導くことを「**心理的（Psychological）創造性（P-Creativity）**」と呼び，
ここまで紹介してきた，歴史に残るような，社会にとって新しい創造である
「**歴史的（Historical）創造性（H-Creativity）**」と区別する。

　あなたは，創造性をどのように定義するだろうか。

（2）創造性のシステム・モデル

　本章では，心理学で研究が進められてきた「歴史的創造性」に注目していく。

　芸術の成立には，5種類のタイプの人間が必要だとされる（子安，2005，図
7-2）。芸術活動全体の「プログラム」を設計するデザイナー，デザイナーが
考えたものを，そのプログラムにそって，身体を用いて表現あるいは実現する
パフォーマー（たとえば画家や彫刻家），芸術活動を鑑賞するコンシューマー
または，その対価としてお金を支払うカスタマー，デザイナーが考えたプログ
ラムの内容をどの程度パフォーマーが実現しているかをモニターし，コント
ロールするディレクター，デザイナー・パフォーマー・ディレクターそれぞれ
の芸術活動に対して，創作の動機，制作の技術・技法，芸術作品の背景と社会

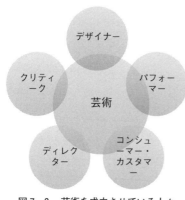

図7-2　芸術を成立させている人々
(子安，2005をもとに筆者作成)

的意義などを分析し論評するクリティークである。文化は個人の思考と社会文化的な文脈の相互作用の中で成立する。

創造性も同様である。チクセントミハイ (Csikszentmihalyi, 1996　浅川監訳，2016, p.31) は，「創造性とは何かではなく，それがどこに存在するのか」を問うべきだとして，**システム・モデル**で創造性を定義している。それによると，創造性は，①文化の中の〈領域〉(芸術や数学など)，②文化の中に生み出された仕事・作品の質を判断する個人 (図7-2の芸術に照らすとコンシューマー，カスタマー，ディレクター，クリティーク) や組織 (文化事業に関わる財団や政府担当者) によって構成される〈分野〉，③才能や野心をもつ，個々の〈人物〉(図7-2の芸術に照らすとデザイナーやパフォーマー) という3つの要素の間の相互作用を基礎として定義される。創造性は，ある〈人物〉が，芸術，文学，工学，数学など特定の〈領域〉で，最初は何か新奇なことをし，その新奇さが最終的にはその〈分野〉によって受け入れられるとき生じる。創造的な人とは，新奇な思想や行為によって〈領域〉を変化させ，新たな〈領域〉を確立する人物だといえる。〈領域〉を芸術や科学に限らず，ビジネス，行政，人間の幸福一般に広げて考えると，ナイチンゲールやガンディーも創造的な人物といえるだろう。

2．創造的な人物とは

(1) 天才と創造性

ある〈領域〉で創造的だと判断される〈人物〉とはどのような人物なのだろうか。いわゆる知能の高さ (知能指数＝IQ；Intelligence Quotient) と創造性の高さには重要な違いがあるということは，心理学でも確かめられてきたし，一般に広く認識されていることだろう。だからこそ，知能研究とは別に，創造

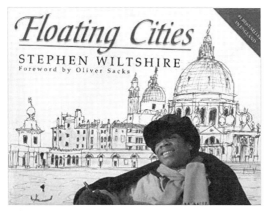

図7-3　スティーブン・ウィルトシャーの画集表紙（Wiltshire, 1992）

性を問う研究が始まった。たとえば，現実社会での個人の創造活動への注目である。その1つに，天才と創造性の関係への注目がある。知的障害や自閉症と診断される者のうち，特定の領域（絵画，音楽，数学など）で天才的な能力を発揮する**サヴァン症候群**と呼ばれる人がいる。英国の画家スティーブン・ウィルトシャー（Stephen Wiltshire）[1]は，その一人だ（NHK, 2001）。彼は，写真を撮るように複雑な建築物を忠実に再現して描けるといった特異な認知能力が10歳の頃に注目された。彼は，高層建築物を見るだけで窓の数まで忠実に再現することや，数分間だけ空中から見た風景を記憶して描くことができる。このサヴァンの才能にも見られる，2つの認知特性が，創造性に関わっていると考えられている。それは，フィルターなしに周囲の世界をありのままにとらえる**認知的脱抑制**の状態（目前の目標や自らの生存とは直接関係しない情報を素直に受け入れる姿勢）と，意識上にあふれてくる膨大な情報に圧倒されることなく処理しアウトプットできる高い知的能力（たとえばワーキングメモリの容量が大きいこと。第4章も参照）である（Carson, 2011）。この2つの相乗効果が，「わかった！」とひらめく体験の核になる可能性があるとも考えられている。

　ウィルトシャーは，その類い稀なる才能が注目された後も絵画制作を続け，

1　オフィシャルサイトは，https://www.stephenwiltshire.co.uk/。

美術学校で学び，技術を磨き続けていることも忘れてはならない。独創的なアイデアや芸術作品を生み出すまでのプロセスをたどると，ある瞬間突然「正解」がひらめいたり，完成作品が生まれたりするのではなく，膨大な規模での試行錯誤を繰り返していることが多いことがわかる（Simonton, 2012）。創造的な人は，普通の人には気の滅入るような繰り返し作業をやってのける人でもあるようだ。

（3）精神的な病と創造性

　創造性は精神的な病や不調と結びつけて考えられることもある。本章冒頭の人物でも（子安ら，2002），ゴッホは，今日代表作とされる作品を制作した晩年に間欠性の躁うつ発作を起こし，37歳で自殺した。夏目漱石は，英国留学中に「神経衰弱」になり，帰国後も妄想のために精神科を受診した。ヘミングウェイは晩年，うつ病に苦しみ，再三の自殺未遂の後，愛用の猟銃で自殺した。ナイチンゲールも「神経衰弱」に悩まされ，自殺願望を口にした。チャイコフスキーは結婚に嫌悪感を覚えノイローゼになり，ベートーヴェンは難聴に気づいた頃，自殺を考えた。

　科学的にはどのような結果が得られているのだろうか。アンドリアセン（Andreasen, 2005）は，著名な作家30名と，教育や年齢は一致しているが高度の創造性は要求されない職業の30名（対照群）に，明確な診断基準に基づく精神測定検査と面接を行った。結果は，作家の多くが双極性障害か単極性うつ病に合う気分障害の個人歴があった（表7−1）。面接から，多くの作家が軽度で一過性の非定型的な気分障害[2]だと示された。カーソン（Carson, 2011）は，統合失調型パーソナリティ（神秘的思考や変わった知覚体験などが現れる）だけで創造性が発揮されることはないが，彼らに見られる，型にはまらない思考や感じ方には，認知的脱抑制の傾向があるとしている。

　もっとも，精神疾患の症状が深刻になってしまうと天才も創造性を発揮できなくなるようだ。アンドリアセンの研究対象となった作家は，うつ状態や躁状態では創造性が発揮できないと話している。この悲劇的現実は，ノーベル賞受

2　診断マニュアル DSM−5（第14章表14−1参照）では，気分障害という分類は削除され，双極性障害および関連障害群と抑うつ障害群に分割された。

表7-1　作家と対象者30名ずつの精神測定結果

(Andreasen, 2005 長野・太田訳 2007, p. 141)

	作家		対照		χ^2	p
	N	%	N	%		
双極型 I	4	13	0	0	—	ns
双極型 II	9	30	3	10	2.60	ns
単極型	11	37	5	17	2.13	ns
双極型の各種障害	13	43	3	10	6.90	0.01
気分障害の各種	24	80	9	30	13.20	0.001
アルコール依存症	9	30	2	7	4.01	0.05
薬物濫用	2	7	2	7	—	ns

注：2種類以上の診断に該当する人もいるので，合計の人数は〔作家の場合〕
30以上になっている。右端の2列は有意性の統計検定。pが0.05より大
きい場合に統計的に有意差ありと考えられる〔双極型は以前，習慣的に
躁鬱病と呼ばれたタイプの国際的な呼称。Iの方が躁状態が著しく，ま
た遺伝要因がより大きいとされる。ns は「有意差なし」〕。

賞者ジョン・ナッシュの統合失調症との苦闘を描いた映画『ビューティフル・
マインド』でもドラマチックに示された。だが，ナッシュの創造性は，統合失
調症の進行から生還（専門用語では寛解）していく人生そのものにあるともい
える（Nasar, 1998）。

3．創造の過程

（1）思考様式による制限

　見たものを寸分違わず再現できるウィルトシャーのようなサヴァンの才能に
驚くのは，私たちが普段，情報を受動的に受けとめているのではなく，過去の
知識に照らして能動的に解釈しているからだ。図7-4の文を読んでみてほし
い。多くの人は"the"が重複しているのに気づかない。人間の脳は，以前の
学習によって，どの感覚情報が注意に値するかを素早く判断するフィルターが
できあがっているのだ（**認知的抑制**）。だが，この思考様式のせいで人は間違
いやすくもなってもおり，錯覚や誤った記憶，先入観などが生じる。図7-5
の問題にも取り組んでみてほしい。この問題を知らない人の正解率は5％程度

A bird in the

Hand is worth

Two in the

the bush

図7-4　文の一節 (Snyder et al., 2012)

9つの点を一筆書きの4本の直線で結ぶにはどのように線を引いたらよいか。

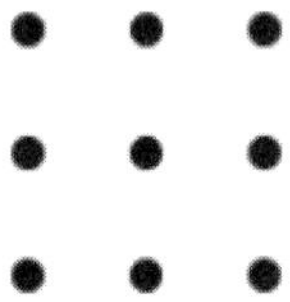

図7-5　9点問題 (Snyder et al., 2012)

だ（Snyder et al., 2012）。先入観が洞察の制約となることがわかるだろう。

（2）ランタン型意識

　では，先入観を弱め，新しいアイデアを受け入れるオープンな思考は，高められるのだろうか。心理学者であり哲学者でもあるゴプニック（Gopnik, 2009 青木訳 2010）は，オープンな思考に開かれる工夫として，見知らぬ国への旅をあげる。特に目的をもたないで異国に初めて降り立ったとき，新しい情報がどっと押し寄せ，どれが大事か自分で選り分けることがほとんどできないことがある。このように，何が待っているかよくわからないところに立つと，私たちは，自分の意図や判断以上に，外部の物や出来事に左右され，なんでもいいから新しい発見をする。それは，子どものように好奇心を解放し，外部からの情報を遮断せず注意と意識が高揚した状態に置かれるからだとゴプニックはいう。このような旅では，初めて触れる新しい大量の情報が，日頃，注意の対象を選別したり抑制したりしている認知的抑制のメカニズムを圧倒し，私たちは集中が拡散し，意識の制御や注意の抑制を欠いた状態に置かれる。この状態からもたらされる意識をゴプニックは**ランタン型意識**と呼ぶ[3]。ランタン型意識は主に3歳以下の子どもに見られる特性で，何か1つに集中するのではなく，

「すべてのものを同時に鮮明に意識」
しており，そこから時に「一種の至
高体験，至福の感覚が得られる」と
いう（Gopnik, 2009　青木訳 2010,
p.183）。

　ランタン型意識を呼び覚ます芸術
家の一人として，ゴプニックは，写
真家のアンリ・カルティエ＝ブレッ
ソン（Henri Cartier-Bresson）をあ
げる。「決定的瞬間」（1952年に出版
された彼の最初の写真集の英語版タ
イトル。フランス語のタイトルは「逃げ去るイメージ」の意）と形容される彼
の写真を見ると，「決定的瞬間」の空間は，出来事の中の劇的な瞬間ではなく，
いつでもどこにでもあること，だが，私たちがどこまでも瞬間の出来事を見る
ことのできない存在であることに気づき，見ているのに見ていない出来事が写
真に見事な構図で再現前（represent）されていることを見て驚く。

（3）旅と創造性

　カルティエ＝ブレッソンは，小型カメラのライカを持って，イタリア，スペ
イン，モロッコ，メキシコを旅し，写真を撮った。インドではガンディーの暗
殺前後を，中国では国民党の終焉から中華人民共和国の誕生までを，インドネ
シアではオランダからの独立を，ソビエトではスターリンの死後を撮影してい
る（Bütler, 2003）。
　見知らぬ土地への旅との関連で本章冒頭の人物のライフコースを見ると，
ゴッホはアルルに移ってから今日評価される作品を制作した。ヘミングウェイ
は第一次世界大戦，ギリシア・トルコ戦争，スペイン内戦，第二次世界大戦に
従軍しながら作家を続けた。フランス生まれのサン＝テグジュペリは，操縦士
として，フランス領のモロッコ，ブエノスアイレス，南アメリカなどに渡って

3　認知的脱抑制は空想や妄想による情報も含むが，ランタン型意識は外部からの情報を知覚す
　るときの意識としてとらえられている。

飛行を続けながら，作家活動を行った。ガンディーは，南アフリカに向かう汽車で人種隔離を経験し，人種差別問題の解決を背負う決意をし，南アフリカで，インド人のために非暴力の思想に基づく「サティーヤグラハ」を指導した。チャーチルは，植民地インドへの派遣や，南アフリカのボーア戦争従軍を経験している。ナイチンゲールは戦場となった村，マザーテレサは宗教対立によって血の海となったインドのカルカッタを見て，貧しい人に仕えよという「神の声」を聞いている（子安ら，2002）。見知らぬ土地での体験が創造的な活動の契機になったり，影響を及ぼしたりしている。

　旅を比喩的にとらえると，別の〈領域〉への移動という知的な旅が考えられる。創造的な人は，幅広い関心や趣味をもっていたり，桁外れの多彩さを発揮したりするという（Simonton, 2012）。たとえば，解剖学は科学，絵画や彫刻は芸術と考えられるが，ダ・ヴィンチは両方の領域になじんでいた。チャーチルは政治家だが，絵画や文学にも精通していた。看護師のナイチンゲールは，統計学を駆使しようとしていたし，作家のサン＝テグジュペリも飛行に関心をもっていた（子安ら，2002）。

　領域横断的思考は，**アナロジー**にもつながる。2つの異なる領域を関係の類似性によって結びつけるアナロジーは，創造的思考として注目されてきた（Holyoak & Thagard, 1995）。化学者ケクレのベンゼン環の構造の発見に関わる「自分自身の尾に絡みつくヘビの夢」のような視覚イメージの利用は代表的な例である（図7-6）。

（4）フロー

　チクセントミハイ（Csikszentmihalyi, 1996）は，創造の過程には，何か1つのことに没頭しきっているときに得られるフローの状態が流れているという。フローは，ゴプニックがランタン型意識の対極にあるという意識状態である。チクセントミハイ（Csikszentmihalyi, 1996）は，主要な文化領域（科学，芸術，ビジネス，行政，人間の幸福一般）で並外れた創造性をもつと評価され，インタビュー時点においても専門領域に積極的に関わっており，60歳以上である91人にインタビューを行い，創造性の過程を分析した。その結果，創造的な人々は共通して，自分の仕事に強い愛情をもち，仕事が楽しいと感じているとした。

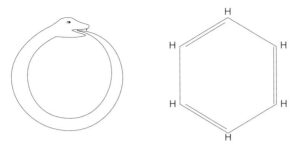

図7-6　ベンゼン環の構造の洞察を導いた，自分の尾を
かむヘビの視覚イメージ
（Holyoak & Thagard, 1995 鈴木・河原監訳 1998, p.23）

楽しさとは，新奇さと発見に向けた，苦しく，危険で，困難でもある活動に打ち込んでいるときの，非常に集中した意識の状態を指し，その状態をチクセントミハイは**フロー**と呼ぶのである。

（5）没頭体験

創造の過程で，人は，ランタン型の〈注意拡散型〉とフローに近い〈注意集中型〉の2つを含む没頭体験をしているのではないかと考えられる。カルティエ＝ブレッソンは，シャッターを切る瞬間の行為を，猟銃で獲物を撃つしぐさで表しながら，「集中」と語る（Bütler, 2003）。狩猟で見えない獲物を射止めるように[4]，環境のかすかな変化や兆候を察知するために周りの情報を遮断せずに意識を拡散させつつ，同時にカメラのファインダーの四角い中で構図を判断してシャッターを切る。写真家の目とカメラと出来事が一致する「決定的瞬間」である。カルティエ＝ブレッソンは，旅する中でランタン型の意識状態を体験しながら，ランタン型の〈注意拡散型〉とフロー状態に近い〈注意集中型〉の2つの意識が含まれる**没頭体験**の中でシャッターを切っていたのかもし

4　狩猟採集時代に培われた環境のかすかな変化や兆候を察知する能力が妄想や幻覚のもとになっているという仮説もある（串崎，2009）。妄想と幻覚は，現実世界からの感覚情報を受容してそれに反応する神経機構とともに，過去の反応様式の記憶を想起して仮想現実を形成する能力によって生まれる場合があると考えられ（岩田，2001b），この妄想や幻覚を生み出す脳機構は，芸術活動の基本をなす創造の脳機構と同一のものと考える説がある（岩田，2001a,b）。

れない。

4．青年期の創造性

　青年期は，創造性が発揮される可能性の高い時期である。近年，世界では創造性が注目され，創造性の教育プログラムも開発されている（井庭，2019など）。

　だが，青年期は，その生活において社会化が求められる時期でもあり，自由な発想よりも社会に適応し得る発想に価値が置かれることがある。それにより，青年は，周囲からの逸脱を恐れて創造性を低下させることがある（中間，2016）。

　また，創造的な活動をする人は弱い存在でもある[5]。創造性に求められる独創性は，本章で紹介したように，新奇な感覚情報に敏感になることから生まれる。これは，自分の感覚や感情に正直になり，世界に開かれ，通念化したものの見方・考え方，その枠組みを外すことを伴う。それゆえ，創造的な活動をする人は，外部からの影響を受けやすく，傷つけられやすい（vulnerability）。創造の過程は，失敗を繰り返すなど不完全（imperfection）でもある。だが，世界に開かれた存在であることが独創性を生むことを可能にし，不完全であることは，我を忘れ時間を忘れて没頭する創造の体験を必要とする。

　青年が社会に適応するために創造性を磨くのではなく，自分なりに新しく挑戦するときに伴う弱さを肯定的に理解しつつ，青年が精神を開放して既存の枠にはまらない思考を展開できる環境とはどのような場か。環境を整えるのは回りにいる大人の役割だが，社会が若者の創造性を期待する時代の研究課題である。

（羽野ゆつ子）

5　全米カレッジ・大学協会が開発した創造的思考に関するルーブリックのリスクに関する項目も参考にした（https://www.aacu.org/sites/default/files/files/VALUE/CreativeThinking.pdf 2020年10月29日取得）。

> **調べてみよう，考えてみよう！**
> ①創造的だと思う人物の伝記を読んで，本章の内容と照らしてみよう。
> ②日々の生活の中で新しく価値のあることを発見した，あなたの主観的体験（「心理的創造性（P-Creativity）」）を思い出して交流してみよう。

引用文献

Andreasen, N. C. (2005). *The creating brain*. New York: Dana Press. (長野 敬・太田英彦（訳）(2007). 天才の脳科学 創造性はいかに創られるか 青土社)

Boden, M. A. (1990). *The creative mind: Myths and mechanisms*. London: Weidenfield and Nicholson.

Bütler, H. (2003). *Henri Cartier-Bresson: Biographie d'un regard*. Neue Zürcher Zeitung, Foundation Henri Cartier-Bresson, Xanadu Film.

Carson, S. (2011). The unleashed mind: Why creative people are eccentric. *Scientific American Mind, 22*, 22-29. (カーソン，S. 天才と変人 解き放たれた知性 (2013). 日経サイエンス，*43*, 32-39.)

Csikszentmihalyi, M. (1996). *Creativity flow and the psychology of discovery and invention*. New York: Harper/Collins. (浅川希洋志（監訳）(2016). クリエイティヴィティ―フロー体験と創造性の心理学 世界思想社)

Gopnik, A. (2009). *The philosophical baby*. New York: Farrar Straus & Giroux. (青木 玲（訳）(2010). 哲学する赤ちゃん 亜紀書房)

Holyoak, K. J., & Thagard, P. (1995). *Mental leaps: Analogy in creative thought*. Cambridge, MA: MIT Press. (鈴木宏昭・河原哲雄（監訳）(1998). アナロジーの力―認知科学の新しい探求 新曜社)

井庭 崇 (2019). クリエイティブ・ラーニング：創造社会の学びと教育 慶應義塾大学出版会

岩田 誠 (2001a). 脳は絵をどう描くか 中原佑介（編） ヒトはなぜ絵を描くのか (pp. 138-150) フィルムアート社

岩田 誠 (2001b). 脳と創造性 てんかん研究, *19*, 101-110.

子安増生 (2005). 芸術心理学の新しいかたち―多重知能理論の展開 子安増生（編） 芸術心理学の新しいかたち (pp. 1-27) 誠信書房

子安増生・羽野ゆつ子・金田茂裕 (2002) ライフコース理解過程における情報統合によるアナロジー・スキーマの変容 科研費研究報告書 創発的思考における再開とアナロジーの機構の認知心理学研究（平成11年度～13年度科学研究費 基盤研究（B）), 33-94.

串崎真志 (2009). 人を支える，人に支えられる―臨床心理学 藤田哲也（編） 絶対役立つ教養の心理学 (pp. 189-209) ミネルヴァ書房

中間玲子 (2016). 青年の創造性 子安増生・楠見 孝・齊籐 智・野村理朗（編） 教育認知心理学の展望 (p. 109) ナカニシヤ出版

Nasar, S. (1998). *A beautiful mind: Genius, madness, reawakening the life of John Nash*. New York: Simon & Schuster. (塩川 優（訳）(2002). ビューティフル・マインド―天才数学者の絶望と奇跡 新潮社)

NHK (2001). サヴァン症候群―自閉症の可能性と脳 2001年10月19日放送

Simonton, D. K. (2012). The science of genius. *Scientific American Mind, 23*, 34-41. (シモントン，D. K. (2013). 創造性の起源 日経サイエンス，*43*, 40-48.)

Snyder, A. W., Ellwood, S., & Chi, R. P. (2012). Switching on creativity. *Scientific American Mind, 23*, 58-62. (スナイダー，A. W., エルウッド，S., チー，R. P. 既成概念をオフ (2013). サヴァンに学ぶ独創のヒント 日経サイエンス，*43*, 54-58.)

Wiltshire, S. (1992). *Floating cities: Venice, Amsterdam, Leningrad and Moscow*. New York: Summit Books.

第8章　他者と関わる力の発達を知ろう

社会性の発達心理学

1．生涯発達的な視点

　「発達」という言葉から連想するイメージを絵に描いてみてほしい。みなさんはどのような絵を描くだろうか。その絵の中では，いつまでを発達ととらえていて，何が発達すると考えているだろうか。身長が伸びるといった量的変化を表現した人，また仰向けで寝ていた赤ちゃんが座り，立ち，歩くようになったり，泣いていた赤ちゃんが言葉を話すようになったりするといった質的変化を表現した人もいるだろう。しかし，発達に伴う変化はそればかりではない。年齢を重ねると，これまでできていたことができなくなったり，時間がかかるようになったり，といった変化もある。

　一昔前の発達心理学では，乳児期，幼児期，児童期を通して右肩上がりに量的変化や質的変化が見られ，青年期にそのピークが訪れ，その後は加齢に伴って下降していくと考えられがちで，成人期までを発達心理学の研究対象とみなされる傾向があった。しかし，近年の老年期を対象とした研究から，老年期にピークを迎える機能があることもわかってきている。そのため現在の発達心理学では，生涯発達的な視点をもつことが重要となっている。同時に，乳児期や幼児期に身に付ける力がその後の長い生涯に大きく影響することも指摘されている（Heckman, 2013 古草訳 2015）。

　また，発達を一人ひとりの変化としてではなく，その個人を取り巻く他者との関係を含めてとらえていく**関係発達論**が発展してきている（鯨岡，1999）。関係発達論では，子どもの発達を個の能力の発達として考えるのではなく，その子どもの生活の場に即して，周囲の人々との関係性にも注目しながらとらえ直す必要性を指摘している。本章では，生涯発達の初期にあたる乳幼児期，児

童期の発達について，子どもを取り巻く他者との関わりも含めて紹介していきたい。

２．社会性の発達

（1）社会情動的スキル

　近年，幼児期に身に付ける力がその後の長い生涯に大きく影響することが，心理学の分野だけでなく，教育学や経済学の分野でも注目されている。きっかけとなったのは，経済学者のヘックマンによる一連の研究である（Heckman, 2013 古草訳 2015）。ヘックマンの研究では，幼児教育の効果を調べるために行われたペリー就学前プロジェクトのデータを縦断的に分析している。ペリー就学前プロジェクトでは，経済的に恵まれない3，4歳の子どもたちに対して，午前中に幼児教育を，午後に家庭訪問を行っており，ヘックマンはこのプロジェクトに参加した子どもたちを，大人になるまで追跡して調査を行っている。そうすると，幼児教育を受けたグループの子どもたちは受けなかったグループの子どもたちと比べて，学業成績や知能指数には影響が出なかったが，高校卒業率や所得が高く，犯罪率や生活保護受給率が低いという結果となっていた。ヘックマンは幼児期の教育には，所得を上げる効果があり，また社会保障費を減らす効果もあるのであれば，投資効果として高い収益があると論じている。

　そして一連の研究の中で，効果が見られたのは知能指数や学歴という認知的な能力よりも，意欲や粘り強さといった能力であるという点にも注目したい。このような能力は，**社会情動的スキル**と呼ばれている。社会情動的スキルには，目標の達成（忍耐力，自己抑制，目標への情熱），他者との協働（社交性，敬意，思いやり等），感情のコントロール（自尊心，楽観性，自信等）に関わるスキルが含まれる（OECD, 2015）。現在，幼児教育や保育において，社会情動的スキルを育むことが，児童期以降の学びの土台となるとして重視されてきている。本章では，社会情動的スキルの中の「他者との協働に関わるスキル」が，乳幼児期，児童期にどのように発達するのかを中心に見ていく。

（2）社会性とは

　他者との協働に関わるスキルは，心理学の分野では「**社会性**」と呼ばれ，こ
れまで研究がなされてきた。社会性という言葉には多くの意味が含まれており
明確に定義するのは難しいが，一般的には集団の中に溶け込み，人間関係を円
滑にすることが思い浮かぶのではないだろうか。日常生活の中で，人間関係を
円滑にするためには，目に見えない他者の心の存在に気づき，誰かが困ってい
たら手を差し伸べ，相手に敬意をもち，集団の中に存在するルールを守ること
が重要となる。

3．他者の心の理解

（1）新生児模倣

　生まれたばかりの子どもが他者の表情を真似ることが報告されている
（Meltzoff & Moore, 1983）。生後 1 時間から 3 日の新生児の前で，図 8 -1 の
ように大人が舌を出したり，口を大きく開けたり，すぼめたりといった表情を
して見せると，それを見ていた新生児も大人と同じような表情をするのである。
このような**新生児模倣**は，月齢があがると徐々に消失していく。なぜ数か月経

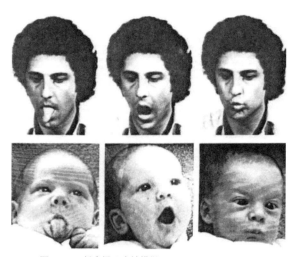

図 8 - 1　　新生児の表情模倣（Meltzoff & Moore, 1983）

つと消失してしまうのかは，現在も検討がなされている途中であるが，新生児期から他者の表情を模倣することから，人間は他者に高い関心をもって生まれてくることがわかるだろう。

（2）9か月革命

　生後9か月頃は，他者との関係が大きく変わる時期だといえる。それ以前の子どもは自己と他者，あるいは自己と対象という一対一の関係（二項関係）を築き，外界と関わっている。それが生後9か月頃になると，子どもは他者と対象を共有する関係（**三項関係**）を築くようになる。三項関係の成立の際によく見られるのが，子どもの**指差し行動**である。図8-2は，子どもがニワトリを指差して，大人とニワトリ（対象）への注意を共有している様子である。子どもと大人とニワトリの

図8-2　子どもの指差し行動と三項関係の成立

間に三項関係が成立している。このような子どもの指差しを見た後，多くの場合，周りの大人は「あれはニワトリというんだよ」と子どもが指差している対象について教えるのではないだろうか。子どもの指差し後の観察研究から，子どもの指差しが大人からの言葉によるかかわりかけを引き出していることがわかっている（Kishimoto et al., 2007）。子どもは指差しによって大人と注意を共有し，自ら言葉を学ぶ機会を創り出しているのかもしれない。

　三項関係が成立するには，他者が心をもった存在であることを理解する必要がある。生後9か月頃から，子どもは他者が心をもった存在であると認識して，他者とのやりとりを通して言語を獲得し，言語によってより多くの知識を身に付けていく。そういった意味で，生後9か月は，まさに革命的な時期だといえる。

（3）心の理論

　他者の行動の背後に，信念（何を思っているのか）や意図（何をしたいのか）といった心の状態を想定して理解する枠組みのことを，「**心の理論**」と呼ぶ。子どもが「心の理論」をもつかどうかは，誤信念課題を行うことによって調べられている。誤信念課題の中でよく用いられるサリー・アン課題について説明しよう（図8-3）。この課題の正答は「カゴ」である。課題を受けている

図8-3　サリー・アン課題（Frith, 2003　冨田ら訳　2009を参考に作成）

子どもはビー玉がカゴから箱へ移されたことを知っているが，サリーはビー玉を移しかえたときに不在だったのでそのことを知らない。つまり，サリーは今でもビー玉はカゴに入っているという誤った信念を抱いていると推測できれば，サリーはカゴを探すはずだと答えることができる。しかし3歳児の多くは「箱」と誤答してしまう。3歳児は子ども自身が見て知っていることと他者が知っていることの違いに気がつきにくいのである。4歳半頃になると課題に正答するようになってくる（Wellman et al., 2001）。つまり，自分自身の心の世界と切り分けて，他者の心を推測するようになるといえる。自己中心的にとらえていた子どもの世界は，「心の理論」の出現とともに大きく広がっていく。相手の立場に立てるからこそ，相手を思いやることができるのと同時に，自分の気持ちとの違いに気づき悩みも出てくるのである。

（4）二次的信念の理解

　私たちの日常生活を振り返ると，「他者がどのように思っているか」だけでなく，「自分が○○と考えていることを相手はどう思うだろうか？」といった，他者の心についてより複雑な思考をしているだろう。このような「Aは『BはXと思っている』と思っている」というような入れ子状態をもつ心的状態の理解を，**二次的信念の理解**と呼ぶ（林，2006）。5〜10歳頃の子どもを対象に二次的信念課題を行うと，8〜9歳頃にはおおむね正答するようになる（Perner & Wimmer, 1985）。二次的信念の理解によって，他者から自分がどのように見られているかを意識して，自己のイメージやふるまいを変化させるような自己呈示行動が見られるようになったり，物語の主人公の気持ちを想像してストーリーを楽しむことができるようになったりする。

　乳幼児期や児童期を通して，子どもたちは「今，ここ」で直接やりとりをしている相手に注目し，相手の気持ちが自分の気持ちとは異なること，そして相手の気持ちの中身に少しずつ気づいていく。そして児童期以降，「ここではないどこか」の「誰か」の気持ちにも思いを馳せることができるようになっていく。他者の心の理解が進むことによって，子どもの築く対人関係は広がり，同時に複雑になっていくといえる。

4．思いやり

（1）思いやりの萌芽

　他者のためになるよう意図された自発的な行動は**向社会的行動**と呼ばれる（Eisenberg et al., 1998）。発達の早い段階から，子どもは困っている他者を助けたり，慰めたり，自分のもっているものを他者に分け与えたりといった向社会的行動を示す。たとえば，落としたものに手が届かず困っていたり，両手がふさがっていて戸棚を開けることができずに困っていたりする人がいると，14か月児は相手が困っている原因を見抜き，さっと落とし物を拾って渡したり，戸棚を開けたりといった援助をする（Warneken & Tomasello, 2007）。大人に促されるわけではなく，自発的に困っている人に手を差し伸べるのである。生後14か月というと，他者とのやりとり経験も豊富ではないだろうし，困っている人は助けるべきだと大人から教えられることも少ないだろう。発達初期からこのような傾向が見られることから，私たち人間には他者を助けようとする傾向が生まれながらにして備わっている可能性が指摘されている。

（2）選択的な向社会性

　発達初期の向社会的行動は困っている人がいれば相手が誰であれ，またどういう状況であるかにかかわらず示されやすい。では大人になった私たちは，困っている人がいればいつでも向社会的にふるまっているだろうか。これまでの研究から，状況や相手の特徴に応じて，私たちの向社会的行動は抑制されることが指摘されている（Hay & Cook, 2007）。助ける相手を選択するのは大人だけではなく，子どもも同様である。

　2歳頃から子どもは相手を識別して向社会的行動を示し始める。集団保育場面において，泣いている子どもに対する周りの子どもの反応を観察すると，普段からよく泣き，攻撃性の高い子どもが泣いていても周りの子どもたちは慰めるといった向社会的行動を示しにくく，反対に普段はあまり泣かず，攻撃性の低い，自分と親密な子どもが泣いていると向社会的行動を示しやすい（加藤ら，2012）。日常生活の中で子どもは仲間の特性を評価し，その評価に応じて，向

社会的にふるまったり，ふるまわなかったり，反応を変化させている様子がうかがえる。

（3）向社会的行動に見られる平等性

　子どもたちの向社会的行動は様々な規範に影響を受けながら発達していく。そのような規範の1つが**平等性規範**である。3〜8歳の子どもたちが独裁者ゲームに参加する様子を通して説明したい。独裁者ゲームとは，一定の資源，たとえば1000円を自分が分配者となって，自分と相手にどのように分けるかをたずねるゲームである。分ける額は自由に決めることができるので，自分は1000円，相手は0円でもいいし，自分も相手も500円ずつでもいい。大人がこのゲームに参加すると，匿名の相手に200円程を分けることが知られている。2割であっても分けてあげるのは，自分だけでなく相手のことを思いやれるからであろう。では子どもたちの独裁者ゲームの結果はどうであろうか。子どもには4枚のシールを渡して，4枚すべて自分のものにしてもいいし，匿名の他児に分けてもいいと伝える（Smith et al., 2013）。そうすると3，4歳の子どものほとんどは4枚すべてを独り占めしてしまう。5，6歳でも独り占めする判断が半数ほど見られるが，7，8歳になると2枚ずつ平等に分ける判断が多くなってくる。子どもたちに対して，相手に何枚分けてあげるべきかと尋ねると，すべての年齢において多くの子どもたちが2枚と答え，その理由として平等に分けるべきだという平等性規範を理由にあげる。つまり，年少の子どもでも平等に分けるべきだと理解しており，その理解は平等性規範によって正当化されている。しかし，年少の子どもでは平等性についての理解や規範が実際の行動には反映されず，7，8歳以降になってようやく理解や規範と一致した行動をとるようになるのである。また同じく8歳頃になると，子どもたちは他者の目を意識することによって，より平等なふるまいをするようになることも報告されている（Shaw et al., 2014）。

　私たちには生得的に他者を助けようとする思いやりの気持ちが備わっているが，その傾向は幼児期，児童期を通して，相手や状況に応じた選択的なものへ，そして規範や他者の目を意識したものへと変化していく様子がうかがえる。

5. 感　　謝

　発達初期の他者への敬意についての研究は少なく，その発達過程はわかって
いないことが多い。ここでは，他者への敬意の 1 つである「感謝」を取り上げ，
その定義や心理的機能を踏まえたうえで，感謝の発達について説明する。

（1）感謝とは

　感謝とは，私たちが日常的に経験する感情である。誰かに助けてもらったり，
プレゼントをもらったりといった日常生活の様々な場面で，私たちは感謝を感
じる。心理学では，感謝は他者の善意によって利益を受けたと意識した際に生
じるポジティブな感情と定義されている（Tsang, 2006）。

　感謝と一口に言っても，他者の善意をありがたいと感じることもあれば，申
し訳ないと感じることもある。誰かに助けてもらったときに「ありがとう」と
「すみません」が同時に生じることもよくあるだろう。蔵永・樋口（2011）は
日本の大学生を対象に，感謝の構造を明らかにするため質問紙調査を行ってい
る。感謝が生起されやすい状況での感情体験として，「満足感」「申し訳なさ」
「不快感」の 3 種類があり，この中でも生起頻度が高い「うれしい」といった
肯定的感情や満足感と，「心苦しい」といった負債感や申し訳なさが感謝状況

で体験される感情であるとされてい
る。

　文化比較研究から，この**負債感**は
日本人で強く生じるものである可能
性が指摘されている。日本の大学生
はアメリカやタイの大学生と比べる
と，強い負債感を感じる傾向がある
（Naito et al., 2005; 一言ら, 2008）。

（2）感謝の心理的機能

　感謝の気持ちによって，幸福感が

高まることが知られている。一定の期間，ありがたいと思うことを 5 つあげて
もらうという介入を行うと，12 歳前後の児童は人生への満足感が高まると同時
に，ネガティブな感情が低下することがわかった（Froh et al., 2008）。日々の
生活に感謝の気持ちをもって過ごすことは，私たちが幸せに過ごすうえで大切
なことなのだろう。

　また感謝には，向社会的行動を促進する機能もある。何かトラブルに見舞わ
れたときに手助けしてもらうことで感謝が喚起されると，その後助けてくれた
相手に向社会的行動を示しやすいという（Bartlett & DeSteno, 2006）。感謝は
助けてくれた相手へのお返しへの動機づけとなり，これが互恵的な関係を保つ
うえで重要な役割を担っていると考えられる。小学 4 〜 6 年生の児童の感謝と
向社会的行動や学校満足度との関連を検討すると，感謝しやすい児童は向社会
的にふるまいやすく，学校においてポジティブな感情を経験し，それが学校満
足度を高めることにつながっていることが報告されている（Tian et al., 2016）。
感謝という感情によって，向社会的行動が促進され，日々の生活における幸福
感が高まっているのかもしれない。

（3）幼児期における感謝の発達

　言葉を話し始めて少し経つと，子どもは感謝を表す「ありがとう」という言
葉を話し出す。発達初期は，誰かから好意を受けた際に，「こんなときはなん
ていうの？」といった大人からの促しによって，子どもはお礼の言葉を話すこ
とが多いかもしれない。2 〜 5 歳を対象にした研究では，大人の促しがあれば
8 割程の子どもが「ありがとう」と感謝を表出するが，大人の促しがなければ
ほとんど表出しないことがわかっている（Greif & Gleason, 1980）。自発的に
他者に感謝を表出するためには，他者が意図的に自分を助けてくれたことを理
解する必要がある。他者の心を推測する，「心の理論」の獲得以降に，子ども
は他者の好意によって自分に喜ばしいことが起きたことを認識し，自発的に感
謝を表出するようになる（有光，2010）。

　ネルソンら（Nelson et al., 2013）は，困っているときに助けてもらうといっ
た感謝が喚起されやすい状況を子どもに物語で聞かせ，登場人物の感情を推測
させることで，子どもの**感謝理解**を測定している。5 歳児は助けてくれた相手

と結びついたポジティブな感情を報告することが多く，助けてくれた相手が
困っていたら今度は自分が助けるべきだと答えることが多かった。そしてこの
ような感謝理解の度合いは，3歳時点での他者の感情理解，4歳時点での他者
の心的状態の理解によって予測できるとしている。

　形式的な感謝の表出から始まり，他者の思考や感情を類推することが可能と
なる「心の理論」の獲得を経て，助けてくれた相手への感謝によって生じた謝
意を表出するようになってくる。

６．子どもの社会性を育む３つの関係

　ここまで乳幼児期，児童期における社会性の発達について見てきたが，子ど
もの社会性は周囲の人々とのかかわりの中で育まれていく。小嶋（1989）は，
子どもが社会的にやりとりをする相手として，親，祖父母，保育者などからな
る大人，年上のきょうだいや友達，同年齢の仲間やきょうだいという３つに分
類している。それぞれの相手とのやりとりは子どもにとって異なった機能をも
ち，それぞれの相手とのやりとりを通して子どもは異なるものを学んでいく可
能性があると指摘している（図8-4）。

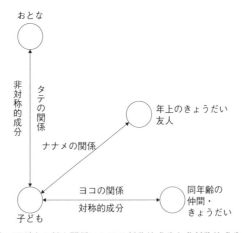

図8-4　幼い子どもの対人関係における対称的成分と非対称的成分（小嶋，1989）

（1）大人との「タテ」の関係

　「タテ」の関係では，大人は子どもよりも能力や経験において優れていることから，**非対称的成分**が多くなる。大人は養育を与え，子どもはそれを受け取る。大人は教え，子どもは学ぶ。大人との非対称的なやりとりでは，大人は子どもの能力に合わせて働きかけることも多い。

　大人は子どもの行動を，たとえ社会的な意味をもっていなかったとしても，まるで意図をもった行動であるかのように受けとめて反応を返しやすい。子どもが何かをじっと見つめていたら，「あれが欲しいの？」と声を掛けるのではないだろうか。このような傾向は**マインド・マインデッドネス**と呼ばれている。大人が子どものことを，心をもった存在として扱い，子どもの心に目を向けて関わる傾向のことをいう。大人との「タテ」の関係の中で，大人は子どもの行動や状況に応じて関わりかけ，子どもを社会的な相互作用の中に取り込み，子どもの心の発達における足場を作る役割を担っているといえる。

（2）年上のきょうだいや友達との「ナナメ」の関係

　年上のきょうだいとの関係には，対称的成分と非対称的成分のどちらもが含まれている。きょうだいげんかやお互いへの嫉妬の感情が生まれるのは，対称的な関係が働いているからだろう。それと同時に，非対称的な関係も多く見られる。幼い頃ほど，きょうだいの間の能力や経験の差は大きく，結果として年上のきょうだいが主導的な役割を担い，年下のきょうだいがそれに応じる関係になりやすい（小島，2002）。たとえば，年上のきょうだいとのふり遊びの中で，年下のきょうだいは自分や相手の気持ちについて話すことが多く（Youngblade & Dunn, 1995），その経験が他者理解の発達に寄与している可能性が考えられている。

　家庭でのきょうだい関係だけでなく，保育や教育の場でも異年齢の友達との間に「ナナメ」の関係を見ることができる。0〜5歳児の異年齢保育場面における観察研究から，2〜5歳の幼児は0〜1歳の乳児に対して頭や頬を撫でたり，乳児が遊べるようにおもちゃを渡したりといった養育的な行動を示しやすいことが報告されている（北田，2018）。このような養育的行動は同年齢の友達に対してはあまり見られなかったことから，幼児が乳児のことを自分より幼

い存在，世話をするべき存在として認識して関わりかけていることがわかる。世話をされた乳児は成長したら，世話をする側へと回る。自分自身が年上の友達から教えられ助けられた経験を生かして，役割を推移させながら子どもたちが社会性を育んでいく過程を「ナナメ」の関係で見ることができる。

（3）同年齢の仲間との「ヨコ」の関係

　同年齢の仲間は同じような能力や経験を有していることから，「ヨコ」の関係では**対称的成分**が多くなる。同年齢の仲間との間では葛藤的なやりとりも多く見られる。大人とは違い，同年齢の仲間は自分の思いをくんで動いてくれるとは限らないので，同じおもちゃが欲しければ取り合うだろうし，傷つく言葉を言い合うこともある。このような葛藤状況は，子どもの自己主張や自己抑制といった自分の気持ちをコントロールする力や，集団の中のルールの理解につながるという点で，大いに社会性の発達に貢献するといえる。

　仲間とのやりとりにおける対称的成分の1つとして，**互恵性**があげられるだろう。互恵性とは，お互いが相手の行為に対して何らかの形で報いることをいう。助けてくれた相手が困っていたら今度は自分が援助するという，持ちつ持たれつの互恵的な関係を築くことは，日常生活の中で他者と互いに助け合い，適切な関係を維持していくうえで重要だといえる。集団保育場面において子ども同士でやりとりされる物の提供や援助を観察すると，3歳頃から，してあげた好意の量と，してもらった好意の量は相関していることがわかった (Fujisawa et al., 2008)。仲がよければお返しなんて水臭いと感じるかもしれないが，長期的なやりとりを分析すると，仲がよいペアほど，してあげた量と，してもらった量のバランスが取れていることもわかっている。同年齢の仲間との関係が深まるにつれて，お互いに助け合い，学び合いながら，子どもは社会性を洗練させていくといえる。

（4）3つの関係を通して

　ここまで「タテ」「ナナメ」「ヨコ」の関係の中で，子どもがどのようなことを学ぶのかを見てきたが，子どもは同時に3つの関係の中で他者とやりとりし，それぞれの関係の中での経験が相互作用することもある。タテの関係の中で経

験したことが，後のナナメの関係につながることもあるだろうし，ヨコの関係の中で身に付けた社会性がタテの関係に波及することもあるだろう。3つの関係性の中で身に付けた社会性は相互に関連しながら，多様な人間関係を築くために機能していくのである。

7．子ども時代の重要性

　児童文学作家の石井桃子は子どもたちに向けて，次のような言葉を残している。「子ども時代をしっかりとたのしんでください。おとなになってから老人になってからあなたを支えてくれるのは子ども時代の「あなた」です」（中川ら，2014）。乳幼児期の経験，とりわけ社会性の発達にまつわる他者とのやりとりは，その後の長い人生において，他者と関係を築き，関係を円滑に維持する力を支える基盤となる。私たちは乳幼児期，児童期の重要性を改めて認識し，自らの子ども時代を振り返るとともに，身近なところにいる子どもたちとのかかわりを大切にしていきたいものである。

（清水（加藤）真由子）

調べてみよう，考えてみよう！

①本章では社会情動的スキルに関する心理学分野の研究を紹介したが，他分野（経済学や教育学など）ではどのような検討がなされているのか，調べてみよう。

②どのような子ども時代を過ごしてきたのかを思い出し，子ども時代に経験したことが今のあなたにどのようにつながっているのかを考えてみよう。

引用文献

有光興記（2010）．ポジティブな自己意識的感情の発達　心理学評論, *53*, 124-139.

Bartlett, M. Y., & DeSteno, D. (2006). Gratitude and prosocial behavior: Helping when it costs you. *Psychological Science, 17*, 319-325.

Eisenberg, N., Fabes, R. A., & Spinrad, T. L. (1998). Prosocial development. In W. Damon & R. M. Lerner (Eds.), *Handbook of child psychology* (Vol. 3, pp. 646-718). New York: Wiley.

Frith, U. (2003). *Autism: Explaining the enigma* (2nd ed.). Oxford, UK: Blackwell. （冨田真紀・清水康夫・鈴木玲子（訳）（2009）．新訂 自閉症の謎を解き明かす 東京書籍）

Froh, J. J., Sefick, W. J., & Emmons, R. A. (2008). Counting blessings in early adolescents: An experimental study of gratitude and subjective well-being. *Journal of School Psychology, 46*, 213-233.

Fujisawa, K. K., Kutsukake, N., & Hasegawa, T. (2008). Reciprocity of prosocial behavior in Japanese preschool children. *International Journal of Behavioral Development, 32*, 89–97.

Greif, E. B., & Gleason, J. B. (1980). Hi, thanks, and goodbye: More routine information. *Language in Society, 9*, 159–166.

Hay, D. F., & Cook, K. V. (2007). The transformation of prosocial behavior from infancy to childhood. In C. A. Brownell & C. B. Kopp (Eds.), *Socioemotional development in the toddler years: Transitions and transformations* (pp. 101–131). New York: The Guilford Press.

林　創 (2006). 二次の心的状態の理解に関する問題とその展望　心理学評論, *49*, 233–250.

Heckman, J. J. (2013). *Giving kids a fair chance: A strategy that works.* Cambridge, MA: MIT Press.（古草秀子（訳）(2015). 幼児教育の経済学　東洋経済新報社）

一言英文・新谷優・松見淳子 (2008). 自己の利益と他者のコスト―心理的負債の日米間比較の研究―　感情心理学研究, *16*, 3–24.

加藤真由子・大西賢治・金澤忠博・日野林俊彦・南　徹弘 (2012). 2歳児による泣いている幼児への向社会的な反応：対人評価機能との関連性に注目して　発達心理学研究, *23*, 12–22.

Kishimoto, T., Shizawa, Y., Yasuda, J., Hinobayashi, T., & Minami, T. (2007). Do pointing gestures by infants provoke comments from adults? *Infant Behavior and Development, 30*, 562–567.

北田沙也加 (2018). 異年齢保育における幼児の乳児に対する養育的行動　保育学研究, *56*, 187–198.

小嶋秀夫 (編) (1989). 乳幼児の社会的世界　有斐閣

小島康生 (2002). ヒト乳幼児のきょうだい関係　心理学評論, *45*, 385–394.

鯨岡　峻 (1999). 関係発達論の構築　ミネルヴァ書房

蔵永　瞳・樋口匡貴 (2011). 感謝の構造―生起状況と感情体験の多様性を考慮して―　感情心理学研究, *18*, 111–119.

Meltzoff, A. N., & Moore, M. K. (1983). Newborn infants imitate adult facial gestures. *Child Development, 54*, 702–709.

Naito, T., Wangwan, J., & Tani, M. (2005). Gratitude in university students in Japan and Thailand. *Journal of Cross-Cultural Psychology, 36*, 247–263.

中川李枝子・松居　直・松岡享子・若菜晃子 (2014). 石井桃子のことば　新潮社

Nelson, J. A., de Lucca Freitas, L. B., O' Brien, M., Calkins, S. D., Leerkes, E. M., & Marcovitch, S. (2013). Preschool-aged children's understanding of gratitude: Relations with emotion and mental state knowledge. *British Journal of Developmental Psychology, 31*, 42–56.

OECD (2015). *Skills for social progress: The power of social and emotional skills.* Paris: OECD.（無藤隆・秋田喜代美（監訳）(2018). 社会情動的スキル―学びに向かう力　明石書店）

Perner, J., & Wimmer, H. (1985). "John thinks that Mary thinks that…": Attribution of second-order beliefs by 5- to 10-year-old children. *Journal of Experimental Child Psychology, 39*, 437–471.

Shaw, A., Montinari, N., Piovesan, M., Olson, K. R., Gino, F., & Norton, M. I. (2014). Children develop a veil of fairness. *Journal of Experimental Psychology: General, 143*, 363–375.

Smith, C. E., Blake, P. R., & Harris, P. L. (2013). I should but I won't: Why young children endorse norms of fair sharing but do not follow them. *PLoS ONE, 8*, e59510.

Tian, L., Chu, S., & Huebner, E. S. (2016). The chain of relationships among gratitude, prosocial behavior and elementary school students' school satisfaction: The role of school affect. *Child Indicators Research, 9*, 515–532.

Tsang, J. A. (2006). Gratitude and prosocial behavior: An experiment test of gratitude. *Cognition and Emotion, 20*, 138–148.

Warneken, F., & Tomasello, M. (2007). Helping and cooperation at 14 months of age. *Infancy, 11*, 271–294.

Wellman, H. M., Cross, D., & Watson, J. (2001). Meta-analysis of theory-of-mind development: The truth about false belief. *Child Development, 72*, 655–684.

Youngblade, L. M., & Dunn, J. (1995). Individual differences in young children's pretend play with mother and sibling: Links to relationships and understanding of other people's feelings and beliefs. *Child Development, 66*, 1472–1492.

第9章　若者から大人になるには
青年期から成人期への移行の心理学

1．移行期とは

（1）大人になりたい？　なりたくない？

　「青年期は大人（成人期）への移行期だということを学びました。だけど，私は大人になりたくありません。学生のままでいたいです」。大学で発達心理学の講義，特に青年期や成人期の話をすると，学生からこのような感想をもらうことがある。この本を読んでいるあなたは，このような考えをもった経験があるだろうか。吉村・濱口（2007）は，青年期の「大人になりたくない心理」について研究を行っている。そして「大人になりたくない心理」の背景には，子どもらしさを喪失することへの拒否感・嫌悪感である「子ども性喪失不安」と，精神的にも経済的にも自立し，社会的に責任を負うべき存在としての大人になることに対する「大人性獲得不安」の大きく2つの側面があることを明らかにした。ここから，子どもから大人への移行に伴い生じる様々な事柄に対する不安が「大人になりたくない心理」の背景にあることが見てとれる。

　私たちが生まれてから死ぬまでの人生のプロセスの中で生じる変化の過程を，山本・ワップナー（1991）は「人生移行」と呼んだ。彼らによれば，人生の区切りは青年期から成人期へといった発達段階の節目もあれば，一生の間に起きる様々の出来事を節目とすることもある。後者の節目は，本章の内容に即して述べれば，たとえば大学への入学や卒業，就職して会社で働くようになることなどがあげられる。また，このような人生の出来事や移動によって環境が変わることを**環境移行**という。

　発達段階や多くの人が同時期に体験するライフイベント，環境の変化とは異なる，個人的な経験としての移行もあるかもしれない。生涯の友人との出会い，

事故，転校など様々な例をあげることができる。山田（2004）は，人生を可視化することによって生じる省察や，それに表れる自己形成の様相をとらえるためにライフヒストリーグラフという方法を用いて研究を行った（図9-1）。移行を直接取り扱った研究ではないが，様々な事柄が個人にとっての節目として表れていることがわかるだろう。あなたがこのグラフを描くとしたら，どのようなものになるだろうか。このように，移行や移行期という言葉には様々な意味が含まれている。

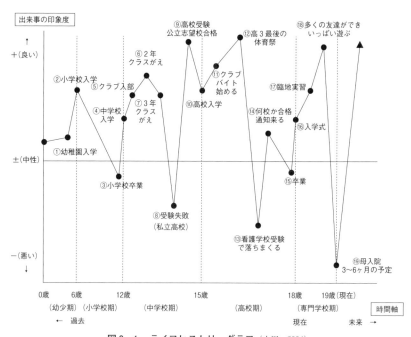

図9-1　ライフヒストリーグラフ（山田，2004）

（2）移行期を生きるために

　青年期から成人期への移行は，多くの場合，発達段階における移行と環境移行の両方を含む。さらに，個人的な経験としての移行も含まれるかもしれない。したがって，そこに様々な困難が生じる可能性は想像に難くない。たとえば，親からの自立や就職活動，職場に対する初期適応など様々な事柄をあげることができる。冒頭で述べた「大人になりたくありません」という発言も，そのような困難を背景の一側面として生じたものと考えることができる。山本・ワップナー（1991）は，移行が徐々になされ移行期間も十分にあればその中にある人間は安定しているが，短時間で急激な場合は危機的なものになりやすく，人生移行は危機を内包していると述べた。一方で，そこで生じる様々な出来事に適切に対処すれば人間の成長にもつながるとしている。

　ここで，この「適切な対処」に単一の回答は存在しないだろう。個人の置かれた環境によって何が適切な対処なのかは異なるといえる。そこで本章では，この移行期の問題を彼らが置かれている環境の中で考えるための視点を提供することを目的として，第2節・第3節で青年期と成人期の特徴について概観していく。ここで学んだ青年期や成人期の特徴を通じて，若者から大人になることの意味を自分なりに考えていってもらいたい。

2．青年期とは

　青年は，自分はもう子どもの集団には属さないが，まだ成人の集団には受け入れられていないことを知っている。レヴィン（Lewin, 1951）は，青年はこのような特徴をもつことから彼らを**境界人**と呼んだ。青年期とは，子どもでもなく大人でもない，その間の時期だと考えることができるだろう。一般的に，青年期は第二次性徴が表れる頃に始まり，親からの自立（就職など）をもって終わると考えることができる。青年期の特徴について対人関係，アイデンティティ，キャリア形成と時間的展望という視点から見ていこう。

（1）青年期の対人関係

　対人関係には様々な関係が含まれる。たとえば親子関係について，ホリング

ワース（Hollingworth, 1928）は児童期から青年期にかけての親からの自立を「**心理的離乳**」という言葉で説明した。親との関係においては自立が重要になる時期だといえる。この自立の欲求は様々な葛藤を含む。たとえば自立に向けたこの時期に，依存し甘えたいという欲求も高まる（西平，1990）。自立は様々な事柄を背景として達成されるが，その1つとして友人関係があげられる（岡田，1992）。

　友人関係は人間の発達や適応に大きな意味をもつ。青年期も当然例外ではない。この関係は，小学生（児童期後半）のギャング・グループ，中学生（思春期前半）のチャム・グループ，高校生（思春期後半）の**ピア・グループ**という順番に発達すると考えられている（保坂，1996）。青年期の友人関係はチャム・グループやピア・グループに当てはまると考えることができるだろう。ここでは特に成人への移行を見据えるという観点から，ピア・グループに着目して解説を行う。この時期の特徴として，互いの価値観や理想・将来の生き方などを語り合う関係が生じてくる段階であり，互いの異質性をぶつけ合うことによって，他者との違いを明らかにしつつ自分の中のものを築き上げ，確認していくプロセスが見られると保坂（1996）は述べている。また，異質性を認めることが特徴なので，性別が混合していたり異年齢集団であったりといったこともあり得るといわれている。ピア・グループとは，小学生や中学生のように同性で同じ年齢，似たような価値観をもつメンバーで構成されていたグループとは異なる集団のあり方である。

　青年期の友人関係の理解については，個人の適応に果たす意義はもちろんのこと，冒頭で述べた親からの自立といった，自分と友達という関係だけに閉じない親子の関係も組み込んだ対人関係という広い視点が必要になるだろう。青年の発達の一側面として，友人との関係を通して自分の価値観を作り上げ，それを土台としながら親との関係を変化させていく姿を見ることができる。

（2）アイデンティティ

　青年期は**アイデンティティ**の形成が大きなテーマとなる。ここでいうアイデンティティとは，エリクソン（Erikson, E. H.）の心理・社会的発達理論の中で述べられているもので，その形成が青年期にとって重要とされている。人は

社会との関係の中で発達していくという考え方が，心理−社会的発達という言葉を理解するうえで重要である。アイデンティティの形成もこの関係の中で行われる。小説や漫画，アニメ，音楽などでアイデンティティという言葉を聞いたことがある人もいるかもしれない。ここでこの言葉の意味するところを考えてみよう。また，アイデンティティは日本語で自我同一性と表現されることもある。

　エリクソンはその漸成発達理論（Erikson, 1950）において，人間の人格発達を8つの段階に区分した（図9−2）。そこには各段階で顕在化する心理−社会的危機が表現されており，青年期は「アイデンティティ対アイデンティティ拡散」とされている。

　アイデンティティは，「自分が自分であるという一貫性をもち，過去・現在・未来にわたって時間的連続性を持っているという個別的で主観的な自分自身が，周囲の人々からみられている自分自身や社会的な関係の中での自分自身に合致しているという自信や安定感」（谷，2004）であり，「人が生き生きとした現実感を感じる『私』存在の感覚（a sense）を中心問題とする」（溝上，2002）といわれている。これまでとこれからの自分に一貫性を感じること，またそんな自分が他者や社会との関係の中に位置づいていること，そしてそう

	1	2	3	4	5	6	7	8
Ⅷ 老年期								統合性 対 絶望、嫌悪
Ⅶ 成人期							世代性 対 停滞、自己耽溺	
Ⅵ 若い成人期					連帯 対 社会的孤立	親密性 対 孤立		
Ⅴ 青年期	時間的展望 対 時間的展望の拡散	自己確信 対 アイデンティティ意識（自意識過剰）	役割実験 対 否定的アイデンティティ	達成の期待 対 労働麻痺	アイデンティティ 対 アイデンティティ拡散（混乱）	性的アイデンティティ 対 両性的拡散	指導性と服従性 対 権威の拡散	イデオロギーへの帰依 対 理想の拡散
Ⅳ 学童期				勤勉性 対 劣等感	労働同一化 対 アイデンティティ喪失			
Ⅲ 遊戯期			自主性 対 罪悪感		遊戯的同一化 対 空想的同一化			
Ⅱ 早期幼児期		自律性 対 恥、疑惑			両極性 対 自閉			
Ⅰ 乳児期	基本的信頼 対 基本的不信				一極性 対 早熟な自己分化			

図 9−2　漸成発達図式（Erikson, 1959, 1968, 1982をもとに佐方，2004が作成）

いった自分を現実感をもってとらえることがアイデンティティ形成を理解する
うえで重要だといえる。そして，アイデンティティ形成のために必要な作業と
して役割実験をあげることができる。たとえば教員志望の学生であれば，子ど
もに対するボランティアや教育実習などが役割実験に当てはまる。実際の活動
を通じて自分が教師に向いているかどうかを考えるのである。そして，アイデ
ンティティ形成のために様々な可能性を試し活動するこの猶予期間を，エリク
ソンはモラトリアムと呼んだ。

　また，図9-2において心理社会的危機が「アイデンティティ対アイデン
ティティ拡散」というA対Bの形式で説明されている点に注意する必要がある。
ポジティブとネガティブの「対」の形式になっているが，これはどちらか一方
だけを選択するということ意味していない。ポジティブがネガティブを上回る
ことは重要であるが，ネガティブな側面が完全に否定されてはいけないのであ
る。言い換えれば，ネガティブな側面も人間の発達には必要なのである。

　最後にアイデンティティの重要性をもう一点述べる。大野（2010）は，普段
は朝起きることのできない学生が教育実習の期間だけは「子どものために」
「学校の先生のために」と時間通り起きることのできた例をもとに，アイデン
ティティが重要である理由として，それが人の行動や考え方，さらには人生さ
え変えることがあることをあげている。ここから，アイデンティティという概
念は青年期だけの問題ではない，生涯にわたる問題であるといえるだろう。

（3）キャリア形成と時間的展望

　ここでは青年期の特徴を**キャリア形成**という観点からとらえる。キャリアと
いう言葉の由来はラテン語の「carrus（車）」や「carraria（轍）」にあり，生
涯にわたって運転し続ける車，あるいは車で通ってきた軌跡ということができ
る（安達，2013）。自分の過去と未来を表している言葉だといえるだろう。

　スーパー（Super, 1980）は，キャリアを「生涯の過程を通じてある人によっ
て演じられる諸役割の結びつきと連続」と定義した。私たちは人生の中で複数
の役割を同時に担いながら生きている。それは児童生徒・学生であったり，家
庭人（子ども，夫や妻，親）であったり，労働者（社会人）であったりする。
また，権利をもつ市民としての役割ももつ。このように考えると，この本を読

んでいるあなたにも複数の役割があることに気づくだろう。スーパーの定義は，役割やその結びつきが変化しながら生涯にわたって続くことを意味している。

　そして，青年期において重要なことの１つは，自分のこれまでの役割を振り返りつつ，それを踏まえたり問い直したりしながらこれからを見通すことである。これは，個人の未来や過去に対する認知や態度としてとらえることのできる**時間的展望**（Lewin, 1951）という考え方と結びつく。

　白井（2015）は，川﨑（2009）の将来のキャリアは現在と過去を参考にしながら将来を展望する，つまり過去と現在と未来をつなげる作業だという指摘を参照しながら，その指摘には，キャリア・デザインは，未来を考えさせるだけではなく，過去からのつながりを作ることによって形成できるという提案があると述べている。自分の将来を考える場面を想像してみよう。そのとき，将来のこと「だけ」を思い描くだろうか。教員志望の学生を例にあげると次のようになる。彼／彼女は小学校の頃に出会った先生に憧れて教師を目指している。つまり，「出会った」という過去があったからこそ「目指している」という現在があり，そして「あんな先生なりたい」という将来の展望が描かれているのである。このような時制間のつながりを作ることが，キャリア形成にとっては重要になる。

３．成人期とは

　成人期は長い。西山・山内（1990）は，成人期をおよそ20歳の前後から始まり60歳の中頃まで続く長い人生の時期とした。本書では第10章で「中年期」を取り扱うことから，本節では成人期前期に焦点を当てる。ハヴィガースト（Havighurst, 1953）は，成人期（ハヴィガーストの記述では壮年初期）の発達課題として①配偶者を選ぶこと，②配偶者との生活を学ぶこと，③第一子を家族に加えること，④子どもを育てること，⑤家庭を管理すること，⑥職業に就くこと，⑦市民的責任を負うこと，⑧適した社会集団を見つけることの８つをあげた。家族や職業，市民としての役割が重要であると考えられる。本節では，これらのうち職業と家族という観点から成人期について説明を行う。

（1）職業・職場に対するリアリティ・ショックと初期適応

　成人期前期の職業に関わる事柄について，ここでは移行期という点に着目して職場への初期適応に焦点を当てる。成人期に入り職場への移行に伴い，生活構造の中心は職業の選択を経て職業に重点が置かれるようになる（Levinson, 1978）。ここでの適応は大きな意味をもつといえるだろう。また，労働環境に問題があった場合，早期離職が個人の健康にとって重要になる場合も考えられる。いずれにせよ，成人期や職業への参入にとって，入職初期は1つのポイントとなる。

　初期適応を考えるうえで，シャイン（Schein, 1978）が**リアリティ・ショック**と呼んだ現象が参考になる。リアリティ・ショックとは，期待と現実の間のギャップによって生じるショックのことを指す。就職する前にその組織もしくは職業に対して抱いていた期待が，入職後に現実のものにならなかった場合，もしくはその組織や職業の実際とは異なっていた場合のショックだといえる。リアリティ・ショックへの対処は，職場の初期適応にとって重要である。この対処には，個人が行うことと職場・組織が行うことの2つの側面があるが，本節では特に個人が行うことを取り上げる。

　リアリティ・ショックに対処して組織に適応していく個人を考えてみよう。自分の期待が現実のものにならなかったショックを，あなたならどのように乗り越えるだろうか。尾形（2007）は，新人ホワイトカラーと新人専門職に対する面接調査から，その対処行動は性質（ポジティブ・ネガティブ）と方法（自己完結型・他者依存型）の2×2の組み合わせから4通りの説明ができるとした（図9-3）。肯定的自己完結型とは，リアリティ・ショックを自己成長の機会ととらえ，自分で努力し学習することで克服しようとするものである。これは個人の学習機会を促すことにつながる。肯定的他者依存型とは，自分の所属する組織内外から情報や助言を収集する方法である。これは他者とのネットワーク構築の機会にもなる。否定的自己完結型とは，リアリティ・ショックからの逃避，問題の先送りで，自分自身の力ではどうにもならないという個人の無力感につながる可能性がある。最後に否定的他者依存型とは，リアリティ・ショックの原因を他者に帰属する方法である。リアリティ・ショックの背景にあるのは自分の問題ではなく，他者（上司や職場の先輩，同僚）の問題である

図 9-3　リアリティ・ショックへの対処行動の 4 分類 (尾形, 2007)

と考えるやり方である。これは自己内省の機会を失うことにつながるかもしれない。

　リアリティ・ショックが生じる背景には様々なことが想定されるため，どのような対処方略が後の適応につながるのか一概にはいえない。ここでは，その組織に居続けるにしろ離れるにしろ，リアリティ・ショックを変化のきっかけとしてとらえる視点が大事だといえる。

　また，職場への初期適応には学生時代の過ごし方が影響を与えているという研究もある（保田・溝上，2014）。その研究では，学生時代の主体的な学習態度や大学生活の充実度の高さ，また，将来の見通しがありその実現に向けて実行していることなどが，組織社会化に肯定的な影響を与えていることが明らかになった。**組織社会化**とは「組織への参入者が組織の一員となるために，組織の規範・価値・行動様式を受け入れ，職務遂行に必要な技能を取得し，組織に適応していく過程（高橋，1993）」であり，適応の指標の 1 つだと考えられる。職場への初期適応は，入職前の生活によって基盤が作られているのかもしれない。

（2）家族をもつこと／もたないこと
　この時期は，自分の家族形成に関わる事柄が重要だとされてきた。しかし，

令和元年版少子化社会対策白書（内閣府，2019）によると，2015年での25〜29歳の未婚率は男性が72.7％，女性が61.3％となっている。内閣府（2019）のデータによれば，長期的に見ると未婚率は上昇しているといえる。その背景として，たとえば政治・経済的な問題や家族のとらえ方の変化，ライフコースの多様化など様々なものが考えられる。これらの要因が関連し合った結果，現在の状況が作りだされているといえるだろう。それらを1つ1つ見ることはここではできないが，結果として表れているこの未婚率は，現代において配偶者を見つけるといった家族に関わることをこの時期の発達課題とする従来の見方に対して議論を提起するものになるかもしれない。

　一方，未婚率の高さが見られたからといって，成人期前期に配偶者と出会い，子どもをもち育てる者がいないわけではない。また，配偶者のいない状態で子をもつ者もいるだろう。いずれにせよ，自分の子どもとのかかわりの中で成人期前期を送る者は，以前に比べれば減少しているかもしれないが存在する。鯨岡（2002）は，私たちの発達を「子どもから大人へ」という個体発達的な見方ではなく，**関係発達**という視点から「育てられる者から育てる者へ」という人間の発達の生涯過程や世代間のリサイクルを含めた見方でとらえている。そして，「育てられる者」から「育てる者」への移行は，歳をとった・立場が変わったというような単純な変化ではなく，「生き方」の一大転換を意味するとした。それは，「育てられる者」とは異なる「育てる者」としての自覚をもつことである。そして，「育てる者」の役割を通じて「育てられる者」であった自分を生き直し，育ててくれた人の思いに気づくことができる。それが「育てる者」としての成長につながるのだと鯨岡（2002）は述べている。

　このように，人間が発達していくうえでの子どもの重要性を指摘する声は多い。一方，成人期前期を対象としたものではないが，中年期の配偶者をもつ男女を対象にして子どもの有無と主観的幸福感について検討した福島・沼山（2015）では，子どもの有無によって主観的幸福感に差が見られなかった。子どもをもたない女性の主観的幸福感に正の影響を与えているのは，次世代育成のためのかかわりであった。この研究は発達に関する指標を変数として含めていないので，これまで述べてきた個人の発達の議論と単純に接続することはできない。しかし，私たちが人生において家族をもつこと，そして子どもをもつ

ことが有する意味について改めて考えるきっかけになるのではないだろうか。

4．ま と め

　本章では青年期・成人期の特徴について解説を行った。ただし，各時期の特徴のすべてを説明はできていない。たとえば青年期であれば恋愛の話（高坂，2016），成人期であれば市民性の話（Havighurst, 1953）といった内容には触れられていない。文献を参照して学びを深めてもらいたい。

　また，青年期から成人期への移行については，**成人形成期（emerging adulthood）**という概念で説明されることもある（Arnett, 2000）。これは，現代の様々な社会的状況を背景にした，青年期から成人期への移行の長期化を受ける形で提唱された概念である。しかし，この概念はまだ議論の途上にある部分もあるため（Côté, 2014），本節では触れなかった。こちらについても文献を参照してもらいたい。

　最後に，本章の冒頭で述べた学生の発言に戻ろう。第 1 節では，「青年期は大人への移行期だということですが，私は大人になりたくありません。学生のままでいたいです」という発言の背景に青年のもつ不安をあげた。この不安は，青年の未熟さのみに起因するものではない。それは時代的・社会的な背景をもとにして表れるものでもある。政治・経済的な問題で先行きの見えない状況や，価値の多様化に伴うこれまで用いられてきた「大人」という言葉を通して将来のモデルを描くことの困難など，様々な背景を考えることができる。移行期にある人々を理解するためには，彼らだけを見るのではなく，彼らが置かれている時代的・社会的状況との関連の中でとらえていくことが必要である。

（半澤礼之）

調べてみよう，考えてみよう！

①「学校から社会」，「子から親」の移行のような，従来より指摘されている移行期ではなく，現代社会だからこそ生じた新たな移行期はないだろうか。最近の移行期に関する研究を調べてみよう。

②第2節（3）のキャリア形成と時間的展望を参考にして，自分が将来担いたい役割とバランスについて考えてみよう。役割が複数ある場合は，それに対して合計が100になるように得点を配分してみよう（三隅ら，1987；田澤，2005）。例：仕事（30），家庭（40），趣味（休日の音楽活動）（20），ボランティア（地域の教育活動支援）（10）

引用文献

安達智子（2013）．人生は多重役割：ライフ・キャリア・レインボー　安達智子・下村英雄（編著）キャリア・コンストラクション・ワークブック：不確かな時代を生き抜くためのキャリア心理学（pp. 97-104）金子書房

Arnett, J. J. (2000). Emerging adulthood: A theory of development from the late teens through the twenties. *American Psychologist, 55*, 469-480.

Côté, J. (2014). The dangerous myth of emerging adulthood: An evidence-based critique of a flawed developmental theory. *Applied Developmental Science, 18*, 177-188.

Erikson, E. H. (1950). *Childhood and society*. New York : Norton.（仁科弥生（訳）（1977, 1980）．幼児期と社会1・2　みすず書房）

Erikson, E. H. (1959). *Identity and the life cycle*. New York: International Universities Press.（小此木啓吾（編訳）（1973）．自我同一性　誠信書房）

Erikson, E. H. (1968). *Identity: Youth and crisis*. New York: W. W. Norton.（岩瀬庸理（訳）（1973）．アイデンティティ　金沢文庫）

Erikson, E. H. (1982). *The life cycle completed*. New York: W. W. Norton.（近藤邦夫・村瀬孝雄（訳）（1989）．ライフサイクル，その完結　みすず書房）

福島朋子・沼山　博（2015）．子どもの有無と主観的幸福感—中年期における規定因を中心として—　心理学研究, *86*, 474-480.

Havighurst, R. J. (1953). *Human development and education*. New York: Longmans, Green.（荘司雅子（監訳）（1995）．人間の発達課題と教育　玉川大学出版部）

Hollingworth, L. S. (1928). *The psychology of the adolescent*. New York: D. Appleton-Century Company.

保坂　亨（1996）．子どもの仲間関係が育む親密さ—仲間関係における親密さといじめ　現代のエスプリ, *353*, 43-51.

川﨑友嗣（2009）．フリーターの時間的展望—フリーターは未来をどのように捉えているのか—　白井利明・下村英雄・川﨑友嗣・若松養亮・安達智子（2009）．フリーターの心理学—大卒者のキャリア自立—（pp. 54-76）世界思想社

高坂康雅（2016）．恋愛心理学特論：恋愛する青年／しない青年の読み解き方　福村出版

鯨岡　峻（2002）．〈育てられる者〉から〈育てる者〉へ—関係発達の視点から—　NHKブックス

Lewin, K. (1951). *Field theory in social science: Selected theoretical papers*. (Edited by D. Cartwright). New York : Harper & Brothers.（猪俣佐登留（訳）（2017）．社会科学における場の理論　ちとせプレス）

Levinson, D. J. (1978). *The season of a man's life*. New York : Alfred A. Knopf.（南　博（訳）（1992）．ライフサイクルの心理学（上・下）講談社）

三隅二不二・直井　優・間　宏（1987）．働くことの意味　有斐閣

溝上慎一（2002）．アイデンティティ概念に必要な同定確認（identify）の主体的行為―実証的アイデンティティ研究の再検討―　梶田叡一（編）　自己意識研究の現在（pp. 1-28）ナカニシヤ出版

内閣府（2019）．令和元年版　少子化社会対策白書　https://www8.cao.go.jp/shoushi/shoushika/whitepaper/measures/w-2019/r01webhonpen/index.html（2020年8月15日）

西平直喜（1990）．成人になること―生育史心理学から　東京大学出版会

西山　啓・山内光哉（1990）．成人期の特色　山内光哉（編）　発達心理学（下）：青年・成人・老年期（pp. 22-32）　ナカニシヤ出版

尾形真実哉（2007）．新人の組織適応課題―リアリティ・ショックの多様性と対処行動に関する定性的分析―　人材育成研究．2．13-30.

岡田　努（1992）．友人とかかわる　松井　豊（編）　対人心理学の最前線（pp. 22-26）　サイエンス社

大野　久（2010）．青年期のアイデンティティの発達　大野　久（編著）　エピソードでつかむ青年心理学（pp. 36-75）　ミネルヴァ書房

佐方哲彦（2004）．病理的なアイデンティティの諸相　谷冬彦・宮下一博（編）　さまよえる青少年の心―アイデンティティの病理―発達臨床心理学的考察（pp. 11-24）　北大路書房

Schein, E. H.（1978）. *Career dynamics: Matching individual and organizational needs.* Philippines: Addison-Wesley.（二村敏子・三善勝代（訳）（1991）．キャリア・ダイナミクス　白桃書房）

白井利明（2015）．高校生のキャリア・デザイン形成における回想展望法の効果　キャリア教育研究．34．11-16.

Super, D. E.（1980）. A-life-span, life-space approach to career development. *Journal of Vocational Behavior，16,* 282-296.

高橋弘司（1993）．組織社会化をめぐる諸問題―研究レビュー　経営行動科学．8．1-22.

谷　冬彦（2004）．アイデンティティの定義と思想　谷　冬彦・宮下一博（編）　さまよえる青少年の心―アイデンティティの病理―発達臨床心理学的考察（pp. 2-10）　北大路書房

田澤　実（2005）．ライフ・キャリア・パースペクティブと将来イメージの関連―女子大学生が展望する仕事・家族・余暇の重みづけ―　進路指導研究．23．19-25.

山田剛史（2004）．過去―現在―未来にみられる青年の自己理解と可視化によるリフレクション効果―ライフヒストリーグラフによる青年理解の試み―　青年心理学研究．16．15-35.

山本多喜司・S・ワップナー（編著）（1991）．人生移行の発達心理学　北大路書房

保田江美・溝上慎一（2014）．初期キャリア以降の探究：「大学時代のキャリア見通し」と「企業におけるキャリアとパフォーマンス」を中心に　中原淳・溝上慎一　活躍する組織人の探究―大学から企業へのトランジション―（pp. 139-173）　東京大学出版会

吉村拓馬・濱口佳和（2007）．青年期の「大人になりたくない心理」の構造と，関連する諸変数の検討　カウンセリング研究．40．26-37.

第10章　人はどのように年齢を重ねていくのか？
中年期・高齢期の心理学

1．人の生涯発達

（1）長くなった人生をいかにより良く生きるか？

　あなたは今から20年後，さらに50年後にはどのような生活を送っているのだろうか。わが国の平均寿命は，1947年に初めて男女とも50歳を超え，男性50.1歳，女性54.0歳となり，2019年には男性81.4歳，女性87.5歳と30年以上も長くなった（厚生労働省，2020）。高齢化の問題は日本に限らず，世界187ヵ国を対象として平均寿命の変遷を算出した結果からも，平均寿命の伸びが確認されている（Wang et al., 2012）。

　このように，長くなった人生をいかにより良く生きるかということを考えるためには，加齢に伴う心と行動の変化を理解することが求められる。学術領域として，特に「高齢者心理学」は，発達心理学の1領域であると同時に，学際的研究分野である老年学の1領域としても重要な役割を果たしている。

（2）年齢が意味するもの

　「あなたは何歳ですか」と尋ねられたら，何歳と答えるだろうか。実際の年齢と，あなたが感じる自身の年齢に差はないだろうか。暦年齢は，生年月日からその日までの経過年数を指すが，心理的な年齢は主観年齢と呼ばれている。興味深いことに，男女とも年齢が高くなればなるほど暦年齢と主観年齢の差が拡大し，主観年齢を若く評価する傾向が顕著になる。佐藤ら（1997）は8〜94歳までの約1,500人を対象に，主観年齢を測定し，暦年齢とのズレを調べた。その結果，子どもの頃は実際の年齢よりも自分は大人だと感じる一方，20歳代の前半からその関係は逆転し，30歳代では2〜4歳程度暦年齢よりも若いと感

じ（自己若年視），40歳代では4〜5歳，50，60歳代では6歳，70，80歳代では6〜7歳と徐々に主観年齢と暦年齢の差は大きくなる傾向が示された。

　暦年齢が同じ40歳だとしても，25歳レベルの体力をもつ人もいれば，55歳レベルの体力の人もいるだろう。これは，個人の機能のレベルから年齢をとらえる機能年齢である。高齢者を対象に行われた長期縦断研究の結果では，1990年と2000年で，同じ年齢の高齢者の機能年齢が10歳程度若くなっていることが報告されている（鈴木・權，2006）。このように，暦年齢のみを基準に，生物としての加齢の進行度を評価するのには無理がある。私たちは，高齢になると一様に機能が変化すると考えがちであるが，様々な環境要因によって生物学的な加齢は影響を受け，また加齢に伴って個人差が大きくなる。引退に伴う外出頻度の減少が，脳の活動性の低下を促進し，最終的に認知機能の低下を引き起こすように，加齢に伴う社会的側面と生物学的側面の変化が間接的に心理的加齢に影響することが考えられる（權藤，2008）。

　さらに，加齢に伴う喪失を補う補償プロセスによって，心理側面の機能低下が減弱されることが想定されている。代表的な補償プロセス理論として，バルテス（Baltes, P. B.）は**補償を伴う選択的最適化**（selective optimization with compensation：SOC）理論を提唱した（Baltes, 1997）。バルテスは，ピアニストのルービンシュタイン（Rubinstein, A.）が加齢とともに速弾きが困難になったが（喪失），曲目を減らし（選択），絞った曲の練習に時間をかけ（最適化），速く弾くパートの前に，以前よりもゆっくりと弾くことで速く弾いているような演出をし（補償），演奏の質を維持したという例から，SOC 理論を説明している。

2．中年期を生きる

（1）中年期（成人期後期）の課題

　中年期は，個人にとって重要なことが明確になる，まさに人生の折り返し地点といえるだろう。本節では，特にキャリア，子どもの自立，親の介護という観点から中年期の特徴について説明を行う。これらは相互に影響し合っており，いずれかだけ切り取って考えることは難しい。ハヴィガースト（Havighurst,

1953）による中年期の発達課題は，引退への準備などの職業生活，子どもの独立への支援や親の介護への準備，夫婦関係の見直しなどの家族関係，健康問題への対応が中心となる。また，エリクソン（Erikson, E. H.）によって，第7段階に位置づけられた中年期の心理社会的危機は「**世代性**対停滞」であり，この危機を克服して課題を達成した者に「世話」という徳が現れる（Erikson, 1959, 1963）（第9章参照）。中年期に，次の世代との相互的なかかわりを深めることで，自己へのこだわりや停滞を脱することができる一方，自己にばかり関心が向くと停滞を招く。このように，次世代の基礎を固め導くことが中年期の課題とされる。

（2）中期キャリアとキャリアの生涯発達

　シャイン（Schein, 1978）は，組織内でのキャリア発達として，9段階の発達段階を展開している（表10-1）。中期キャリアには，仕事の意味を再吟味し，自身のキャリア・アンカーを自覚することとともに，メンターシップの発揮も求められる。なお，メンターとは，人生経験が豊富な指導者，助言者の役割を果たせる人物を意味し，メンターと指導を受ける者の間でキャリアの様々な相談や技術等の伝達がなされることをメンタリングという。キャリア・アンカーとは，個人のキャリアの在り方を導き方向づける錨（アンカー）を意味する。大学の卒業生を10年間継続的に調査した結果（Schein, 1990）に基づく，キャリア・アンカーを表10-2に示す。あなたのキャリア・アンカーは，ある領域のエキスパートであることを自覚して満足感を覚える「専門・機能別コンピテンス」だろうか。当てはまるものを考えてみよう。

（3）子どもの自立と発達

　子どもの自立に対して，親はどのように適応すればよいのだろうか。中年期の発達課題は，子どもの独立への支援や夫婦関係の見直しなどの問題への対応が中心となる（Havighurst, 1953）。子どもの発達に伴い，親は子どもを他者として受容し，拒否や反抗に耐えると同時に，保護と避難の場所を与えることが求められる。相反する面を備えることは，親の人格的成熟の重要な契機である（柏木, 1993）。佐藤（2005）が家族神話の例としてあげる，「波風の立たな

表10-1　組織内キャリア発達の諸段階
(Schein, 1978：若林・松原，1988：山口・金井，2007を参考に改変)

発達ステージ	直面する問題と具体的課題
成長・空想・探求 （0〜21歳）	・職業を調べて，仕事への興味や関心を育てる ・教育や訓練，試行的な職業経験を積む ・目標や動機づけを手に入れる
仕事の世界への参入 （16〜25歳） 基本訓練	・求職活動を行い，初めての仕事に就く ・リアリティ・ショックに対処して，不安や幻滅感を克服する ・組織のメンバーになり，規定を受け入れる ・仕事のメンバーとして受け入れられる
初期キャリア （30歳頃まで）	・初職で成功，失敗体験をして，それに伴う感情を処理する ・有能な部下となると同時に，主体性をもって責任を果たす ・昇進のもととなる能力を形成する ・組織に留まるか有利な仕事に移るかを検討する
中期キャリア （25〜45歳）	・専門性を確立し，適性や専門分野を再吟味する ・高い責任を引き受け，生産的人間となる ・メンターとの関係を強化し，自身のメンターシップも発揮する ・仕事と家庭と自己のバランスを検討しながら，長期キャリア計画を立てる
中期キャリア危機 （35〜45歳）	・当初と比較して，現状を評価し，将来の見通しを立てる ・仕事の意味を再吟味し，自身のキャリア・アンカーを自覚する ・家庭との関係を再構築する
後期キャリア （40歳〜定年まで） 非リーダーとして	・専門的能力を深め，技術力を高める ・年長者としてのリーダー役割を獲得したり，メンター役割を引き受ける ・自己の重要性の低下を受容し，若い意欲的管理者とも対応する
リーダーとして	・組織の長期的，中核的問題に関与し，組織の社会的役割を評価する ・高度な政治的状況に対応する ・他者の努力を統合したり，有能な部下を育成する
下降と離脱 （定年退職まで）	・権限や責任の減少を受容し，退職の準備をする ・減退する能力と共存する ・仕事外の生きがいや役割に満足を見出す
退職	・自我同一性と自己有用性を維持する ・社会参加の機会を維持し，新生活に適応する ・年長者役割を発見し，自身の経験と知恵を活用する

表10-2　キャリア・アンカー（Schein, 1990；山口・金井，2007を参考に作成）

種類	詳細
専門・機能別コンピテンス	ある領域のエキスパートであることを自覚して満足感を覚える
全般管理コンピテンス	組織の段階を上がり責任ある地位に就き組織全体の方針を決定，組織の成果を左右したい欲求をもつ
自律・独立	どんな仕事に従事しているときでも，自分のやり方，自分のペース，自分の納得する仕事の標準を優先する
保障・安定	安全で確実と考えられ，将来の出来事も予測でき，うまくいっていると知りつつゆったりとした気持ちで仕事ができることを望む
起業家的創造性	新しい製品やサービス，新しい工夫で新しい組織，新しい事業を興したりする欲求をもつ
奉仕・社会的貢献	世の中を良くしたいという欲求でキャリア選択
純粋な欲求	不可能と思われる障害を克服すること，解決不能と思われていた問題を解決すること，手ごわい相手に勝つことに成功を感じる
生活様式	個人・家族・キャリアのニーズをうまく統合させた生活様式を実現することを望む

い，問題のないことが家族の幸福である」のような状態にとらわれてしまうと，家族関係は歪んだものになってしまう。子どもの成人後の対応によっては，親は子どもから自立できず，子どもは生活能力や他者をケアすることができず，親子とも成熟がおろそかになりやすい（柏木，2010）。成人した子どもと温かい情緒的な交流があると親の幸福感が高められる（Pinquart & Sörensen, 2000）一方，ネガティブな感情やアンビヴァレンスな感情（ポジティブ・ネガティブといった相反する感情が同時に存在している状態）を伴う親子関係の場合は，親の抑うつ感情が高まり，人生満足度が低減するなどの影響がある。

　このように，中年期は，親として子どもの自立を援助するとともに，親役割の喪失に向き合うことが課題となる。親はこれらの変化に適応して，新しいポジティブな親子関係を築き，そして夫婦関係を再構築することが求められる。

（4）親の介護と発達

　親の**介護**は，子育て後の次なる大きな課題となる。介護に従事した結果，バーンアウトに陥ることや，虐待に発展する危険性もある。特に，被介護者に問題行動がある場合や介護を一人で担う場合，被介護者との人間関係が悪い場

合に，介護者の負担感が高くなる（久世，2017）。岡林ら（2003）は，できる範囲内で無理をしないよう世話をするなど，ペースを上手に配分する方略がバーンアウトの軽減につながることを明らかにした。また，新名ら（1991）は，相談相手の存在や家族からの情緒的サポートが，介護負担感をやわらげる効果があることを報告している。

　一方，介護の肯定的な側面も注目されるようになってきた。櫻井（1999）は，介護肯定感という認知的評価を取り上げ，介護状況への満足感と介護を通した自己成長感が，介護負担感の軽減または緩衝効果として有効であったと報告している。陶山ら（2004）は，介護者自身の良好な健康状態，被介護者が配偶者であること，そして優しく真心をこめて接する，世話に役立つ情報を集める，気分転換をするなどの方略が，介護肯定感と関連していることを示している。そして，長期にわたる介護を伴った死では，見送れたことへの達成感や安堵感，介護からの開放感などが語られることもある（中里，2016）。

　介護には多くの課題も残されているが，親が生を全うする姿に寄り添い，生死について学ぶことは，自身の生き方を考える機会となるだろう。

3．高齢期を生きる

（1）加齢や高齢者に対する理解

　あなたは加齢をどのようにとらえているだろうか。まず，クイズにチャレンジしてみよう（表10-3）。

　FAQ は加齢や高齢者に対する理解の程度と**エイジズム**（ageism）を測定するパルモア（Palmore, 1998 鈴木訳 2002）の尺度の日本向け修正版である。正解は項目19以外の奇数番号の項目は「F」，項目19と偶数番号は「T」である。誤答が多いほどエイジズムの傾向が強いことになる。バトラー（Butler, R. N.）は，年齢差別をエイジズムと名づけ，「我々はすべて，年をとって白人や黒人になるということはない。しかし，我々はすべて，年をとると老人になる（Butler, 1969, p.246; 堀，2001，p.122）」と指摘した。エイジズムの解決のためには，加齢変化を正しく理解することに加え，我が事としてとらえることが大切であると考えられる。

表10-3　加齢に関する知識度クイズ（The Facts on Aging Quiz: FAQ）

(Palmore, 1998 鈴木訳 2002：坂上ら，2014を参考に改変)

［実施方法］次のことがらについて，正しいと思う場合はＴ（真）を，誤りと思う場合は
Ｆ（偽）を○で囲んでください。

1）	大多数の高齢者は，記憶が落ちたり，ぼけたりする	T	F
2）	高齢になると耳や目などいわゆる五感がすべておとろえがちである	T	F
3）	ほとんどの高齢者は，セックスに対する興味も能力ももっていない	T	F
4）	高齢になると，肺活量が落ちる傾向がある	T	F
5）	大多数の高齢者は，多くの時間をみじめな気持ちで過ごしている	T	F
6）	肉体的な力は，高齢になるとおとろえがちである	T	F
7）	少なくとも，1割の高齢者は養護老人ホーム，特別養護老人ホームなどに長期間入所している	T	F
8）	65歳以上で車を運転する人は，若い人よりも事故を起こす率が低い	T	F
9）	ほとんどの高齢者は，若い人ほど効率よく働けない	T	F
10）	およそ8割の高齢者は健康で，普通の生活を送るのにさしつかえない	T	F
11）	ほとんどの高齢者は，自分の型にはまってしまい，なかなかそれを変えることができない	T	F
12）	高齢者は，何か新しいことを学ぶのに若い人よりも時間がかかる	T	F
13）	大多数の高齢者にとって，新しいことを学ぶのはほとんど不可能である	T	F
14）	ほとんどの高齢者は，若い人よりも反応時間が長い	T	F
15）	だいたい，高齢者というものは，みな同じようなものだ	T	F
16）	大多数の高齢者は，めったに退屈しない	T	F
17）	大多数の高齢者は，社会的に孤立しており，またさびしいものだ	T	F
18）	高齢者は，若い人よりも職場で事故にあうことが少ない	T	F
19）	日本の人口の4人に1人が65歳以上の高齢者である	T	F
20）	ほとんどの医師は，高齢者の治療より若い人の治療を優先する傾向がある	T	F
21）	一人暮らしの高齢者の半分以上は，生活保護を受けている	T	F
22）	ほとんどの高齢者は，現在働いているか，または家事や奉仕活動でも良いから何らかの仕事をしたいと思っている	T	F
23）	高齢者は年をとるにつれて，信心深くなるものだ	T	F
24）	だいたいの高齢者は，めったに怒ったり，いらいらしない	T	F

（2）高齢期の課題

　ハヴィガースト（Havighurst, 1953）による，高齢期の発達課題は，引退と老化によって失われる諸側面への対応，配偶者の死への適応などが主となる。社会・経済的な地位の喪失，職業生活における人間関係の喪失，そして心身の健康の喪失は，生きる意欲の喪失さえ引き起こしかねない。エリクソンによって，第8段階に位置づけられた高齢期の心理社会的危機は「**統合性**対絶望」であり，この危機を克服して課題を達成した者には「**知恵**」という徳が現れる

（第9章参照）。高齢者はこれまでの人生を振り返り，受け入れる統合の感覚が絶望よりまさると人生を受容することができる一方，危機を乗り越えることができないと精神的に健康な老化の実現は困難になる。このように，人生を受容し，死に対して冷静な態度で臨めるようになることが高齢期の課題とされる。

　さらに，夫エリクの死後に，妻ジョアンは，第9段階を加えた（Erikson & Erikson, 1997）。超高齢期や終末期の人々は，身体的自立の欠如と多くの死別を経験する過酷な状況であり，第8段階を達成したとしても適応することが困難となる。第9段階の課題を達成するためには，以前に解決された8つの段階の危機ともう一度対峙することになる。たとえば，寝たきり状態に見舞われた高齢者は，自らの能力に対する不信感に襲われる。そこで他者とのかかわりの中で，第1段階の発達課題で，すでに獲得した他者に対する基本的信頼感を再獲得することが求められるのである。そして，これらの課題を克服し，精神的な適応を果たした心理状態が老年的超越（gero-transcendence）といわれる（Tornstam, 2005）。

（3）感覚機能の加齢に伴う変化

　高齢期になると，目が見えにくくなる，耳が聞こえにくくなるといった感覚機能の変化が顕著に見られる。たとえば，老年性遠視や視野の周辺部における知覚などの視覚の低下や，高音域（4 kHz ～ 8 kHz）の音が聞こえにくくなるといった聴覚の低下が生じる。ただし，視覚も聴覚も長い年月をかけて徐々に変化してくることが多いので，高齢者自身がその状況に慣れてしまい，変化が自覚されない場合がある。さらに，視覚が低下すると，段差が見えにくくなりつまずきやすくなる，聴覚が低下すると声が聞こえにくくなり他者とのコミュニケーションが難しくなる場合がある。近年では，夫婦を対象とした研究において，配偶者の視覚の低下が夫婦関係の満足度や幸福感に影響することが報告されている（Strawbridge et al., 2007）。ウォルハーゲンら（Wallhagen et al., 2004）が，426組の夫婦を対象に，聴覚損失の自己評価が5年度の身体的，心理的，社会的な幸福感に与える影響について検討した結果によると，女性では配偶者の聴覚損失がすべての側面における幸福感に対して負の影響をもつことが確認されている。このように感覚機能の低下は，間接的にも心理社会的に影響

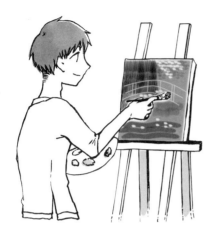

を及ぼすのである。

　ところで，高齢期の感覚の低下は，高齢者にとって悪い影響でしかないのだろうか。印象派を代表する画家，モネ（Monet, C.）の「睡蓮」という絵を見たことがあるだろうか。晩年の作品は，モネが白内障を患い視力を失う中で制作したことでも有名である。その抽象的で神秘的な雰囲気は，物がしっかり見えている状態では作り出すことが難しかったのではないかという指摘がなされている（権藤，2016）。感覚機能の低下は，ネガティブにとらえられることが多いが，ポジティブな効果について注目することも大事である。

（4）記憶機能の加齢に伴う変化と補償

　「人の名前が出てこない」「物をどこかに置き忘れる」といった経験は誰でもあると思うが，大多数の人が「年をとると記憶力が悪くなる」と思っているのではないだろうか。しかし，年齢を重ねることで低下する記憶もあれば，低下しない記憶もある。ここでは，長期記憶（第4章参照）を取り上げ，その加齢変化について紹介する。

　長期記憶の1つであるエピソード記憶は，過去の出来事の記憶のことを指し，一般的に「思い出」と呼ばれるものはこの記憶に分類される。エピソード記憶は加齢の影響を最も受ける。一方で，意味記憶は，普遍的で一般的な知識のことを指し，語彙や九九などの一般知識や学校で習うような情報の記憶のことをいう。意味記憶は加齢の影響を受けにくく，むしろ年齢とともに増加することが報告されている（Singer et al., 2003）。人生経験豊富な高齢者は蓄積された知識が多く，またその知識は長い年月を経て強固に記憶として定着されているからだと考えられる。このように，専門的な知識が必要とされる作業や慣れた作業は加齢の影響がほとんどなく，高齢者の方がうまく遂行する場合もあるの

である。

　近年では，ディクソンら（Dixon et al., 2001）の，記憶を補償するための方略について研究など，機能低下をどう補うかに関する研究が期待されている。興味深いのが，夫婦の力である。若年夫婦と婚姻期間が長期にわたる高齢者夫婦に対して，物語の再生課題を実施した結果，高齢者夫婦群は他人同士の場合よりも良く，若年夫婦群の成績と同じレベルを示したのである（Dixon & Gould, 1998）。このように，高齢者は，あらゆる方略を用いて記憶機能の低下を補っている可能性がある。

（5）知的な発達

　私たちは長生きをすれば，老賢者といわれるような知恵を身につけることができるのだろうか。知恵は，「基本的で実践的な生活場面での熟達した知識と判断」であると定義されている（Smith & Baltes, 1990）。研究では，15歳の少女の結婚に対してアドバイスする人生計画場面や，昔の友人との再会をきっかけに人生を回顧する人生回顧場面を課題として，頭に浮かんだことをすべて声に出してもらい，それを，人生の問題に対する豊富な知識があるか，人生の不確実性を理解しているか等を含む5つの基準で判定されている（Baltes & Staudinger, 2000）。しかし，青年，成人，高齢者の間に有意な年齢差は認められなかった（たとえば，Baltes & Staudinger, 2000）。

　その後，ネガティブな体験から何かしらのポジティブな要素を導き出し，そこから教訓や学びを得て，その経験を一般化させるような体験が，知恵の獲得に関与していること（Bluck & Glück, 2004）や，知恵の得点が高い人は，葛藤場面で妥協点を探るなど，他者との協力の中で解決する方略をとる傾向があることが明らかにされている（Kunzmann & Baltes, 2003）。このように，知恵を身につけるには，単純に年齢を重ねるだけではなく，広い視野で体験をとらえて学習し，次に活かすことが役に立つことが示唆されている。

（6）パーソナリティの発達

　年齢を重ねることによって人のパーソナリティはどのように変わるのだろうか。ここでは，特性論（第11章参照）の1つであるビッグファイブ理論（Costa

& McCrae, 1992）の5つのパーソナリティ特性である神経症傾向，外向性，開放性，調和性，誠実性の加齢による変化を見てみよう。

　パーソナリティの集団内の相対的な位置関係の加齢変化を検討する研究からは，概して，パーソナリティは安定していることを示唆する結果が多く報告された（たとえば，Roberts & DelVecchio, 2000）。具体的には，ある仲間集団の中で外向性が高い傾向にあった人は数年後，数十年後もその傾向があり，外向性が低い傾向にあった人はその後もその傾向があるというような点で，パーソナリティの安定性が示された。つまり，同年代の中での比較から自分の性格をとらえようとすると，年をとるほど「性格は変わらない」と感じられるようになるのである。

　一方，集団の平均値を用いて，パーソナリティの加齢変化を検討する研究からは，パーソナリティは生涯を通じて変化し，かつ特性によって変化の傾向に違いがあることが報告されている（たとえば，Terracciano et al., 2005）。具体的には，神経症傾向，外向性，開放性は加齢に伴い低下する一方，調和性は加齢に伴って上昇し，誠実性は，中年期以降高齢期前半までは上昇するが，高齢期後半では低下することが示された。つまり，若いときや若い年代集団と比較した場合は，性格特性によって，変化するものもあれば変化しないものもあるようである。

　近年，パーソナリティは死亡率を予測するときに，主要な要因の1つになることが注目されている。特に死亡率との関わりで頻繁に報告されているパーソナリティは神経症傾向，外向性，そして誠実性である。神経症傾向の高い人は低い人よりも，ストレッサーの脅威をより強く感じるため，うつ病を罹患しやすいことが報告されているように（Steunenberg et al., 2006），そうした過敏さが心身の健康に影響することが考えられる。一方，外向性が高い人は，失敗の原因を自分の内部に求めないので，ストレッサーの脅威を弱く感じたり（Marshall et al., 1994），ソーシャルサポートをよく受けることから（Swickert et al., 2002），結果として外向性が高いと健康や死亡率の低さにつながることが予想される。また，誠実性と健康関連行動の関係が示されており（Bogg & Roberts, 2004），誠実性が高いほど，健康増進的な活動をよく行い，死亡を招く事態に巻き込まれることが少なく，重篤な疾病の原因となる行動をあまりし

ないという結果が示されている。さらに，近年，長寿科学の対象として注目されている百寿者は，一般的な高齢者よりも開放性が高いという報告（Masui et al., 2006）や，開放性が高い方が10年度の死亡率が低いという報告（Iwasa et al., 2008）がなされている。開放性が高いほど，よい食習慣をもっているという結果（Brummett et al., 2008）や，健康診断に参加する人が多いという結果（Iwasa et al., 2009）から，開放性が高い人は，知的好奇心が高く，新しいものを柔軟に受け入れることができるため，そのことが良い健康状態につながり，死亡率を抑えることが考えられる。このように，パーソナリティは，主に健康関連行動やストレス対処といった側面から，長寿に関連すると考えられており，さらなる研究が期待されている。

（7）発達を支える社会とのかかわり

　加齢に伴い，人とのかかわりはどのように変化するのだろうか。対人関係をとらえるうえで有益なコンボイモデルを紹介しよう。コンボイとは護送船団の意味で，同心円の内側ほど身近で頼りにできる重要な他者を示し，外側ほど社会的な役割による人物を示す。図10-1を参考にして，中心を「あなた」とす

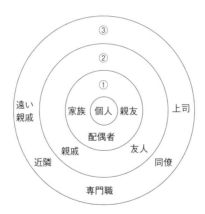

①役割に依拠しない安定したコンボイのメンバー
②やや役割に依拠し，長期的には変化しやすいコンボイのメンバー
③役割に依拠し，役割の変化を最も受けやすいコンボイのメンバー

　図10-1　仮説的なコンボイの例（Kahn & Antonucci, 1980を参考に作成）

る３つの同心円を描こう。そして「現在のあなたの生活で大切な人」を思い浮かべ，親密度に応じて順に円の中に書きこもう。配偶者と死別した高齢者の場合，内側のメンバーが減り，さらに住み慣れた地を離れることになれば近隣の友人との交流ができなくなるため，コンボイの構成が急変し，その結果，心身のバランスを崩しやすい。

　中高年者は円の中心に近いほど，家族のメンバー，接触頻度が高い人，知り合ってからの期間が長い人を配置する（Antonucci & Akiyama, 1987）。高齢者は若い世代に比べて，他者との相互作用の全体量が少ないとする研究が多い（たとえば，Morgan, 1988）。しかし，その理由は，相互作用を「選択的に」行っているからだと考えられている（Carstensen, 1991）。ポジティブな感情を得るのに役立つ，長年の友人や親戚との相互作用の頻度は，生涯を通してあまり変化しない一方，そうではない知人や新しい相手との相互作用は変化しやいと考えられている。

（8）幸福な老いに向けて

　かつて高齢者は社会的弱者であり，生産性が衰えるという否定的な見方をされることがあった。そのような風潮の中，サクセスフル・エイジング（successful aging），すなわち，幸福な老いが提唱された。ロウとカーン（Rowe & Kahn, 1997）は，サクセスフル・エイジングとは，心身ともに健康で，社会貢献をし続けることが望ましい老後の姿であると規定しており，この考えは広く欧米で受け入れられてきた。サクセスフル・エイジングを達成した状態にある高齢者の心理的側面を評価するために主観的幸福感（subjective well-being）が測定されるようになった。その後，プロダクティブ・エイジング（productive aging），すなわち，生産的な老いや，日本独自の概念である**生きがい**などの研究によって，高齢者のポジティブな側面を示そうという研究が進められている。特に若い高齢者は，再就労や学習の機会の増大，ボランティアや地域での社会的な貢献などを通して活発に活動している。高齢期は，主観的幸福感の高い個性溢れる日々を過ごす時期にもなり得るのである。

4. 人生の締めくくりに向けて

　あなたは大切な人を亡くしたことがあるだろうか。配偶者の**死**は，人生の中で生じる可能性のある最もストレスフルな出来事である（Homes & Rahe, 1967）。実際に，60歳時点で配偶者を亡くした経験のある者の方が，経験のない者に比べて，男性で2.0歳，女性で1.2歳，平均寿命が短い（河合，1996）。高齢者の死別の場合，悲嘆による持病の悪化や，一人暮らしの開始や子世帯との同居，施設への入所等の環境の急激な変化などが発生しやすく，より注意が必要である。一方，配偶者の死を経験しても，また生き生きと充実した生活を送る高齢者も多い。他者からのサポートによって，死別後の抑うつが高まる傾向を抑える緩衝効果が示されているように（岡林ら，1997），配偶者以外の他者とのつながりを確保することが大切である。愛する人の死を経験した者の中には，命や家族，人とのつながりの大切さや以前よりも精神的に強くなったと感じ，自分自身の死について真剣に考えるようになったという変化も報告されている（東村ら，2001）。

　人は，知的理解の及ばない死に対して，不安や恐怖を抱くのではないだろうか。世界では，死を宗教的に解決しようという試みが多い一方で，宗教的信念をもたない人々の多い日本では，死から目を背けるという指摘がなされている。キューブラー＝ロス（Kübler-Ross, 1969 川口訳 1971）はがん患者へのインタビューから，死のプロセスとして，死ぬのは嘘ではないかと考える「否認」，なぜ自分がという「怒り」，何とか死なずにすむように試みる「取引」，死が避けられないと感じて気分が落ち込む「抑うつ」，死を受け入れる「受容」の5段階を提唱した。人生の締めくくりをどのように迎えるかは，人生をどう生きるかと関連している。死生観や死の迎え方は，文化や自己の様相によって異なるが，私たち一人ひとりが高齢期を見据えた心構えをして，死の準備を行うことで，人生をより良く安心して過ごすことができるのではないだろうか。

（太子のぞみ）

調べてみよう，考えてみよう！

①あなたが，「最近仕事がうまくいかない」と後輩に相談されたら，メンターとして，どのような対応が必要か，実際の会話形式で考えてみよう。

②身近な高齢者に，その誕生から現在に至るまでの生涯について話を聴いて，本章の内容と照らしてみよう。インタビューに基づいて，肯定的な側面と否定的な側面に注目して，加齢に伴う変化をとらえてみよう。

引用文献

Antonucci, T. C., & Akiyama, H. (1987). Social networks in adult life and a preliminary examination of the convoy model. *Journal of Gerontology, 42,* 519-527.

Baltes, P. B. (1997). On the incomplete architecture of human ontogeny: Selection, optimization, and compensation as foundation of developmental theory. *American Psychologist, 52,* 366-380.

Baltes, P. B., & Staudinger, U. M. (2000). Wisdom: A metaheuristic (pragmatic) to orchestrate mind and virtue toward excellence. *American Psychologist, 55,* 122-136.

Bluck, S., & Glück, J. (2004). Making things better and learning a lesson: Experiencing wisdom across the lifespan. *Journal of Personality, 72,* 543-572.

Bogg, T., & Roberts, B. W. (2004). Conscientiousness and health-related behaviors: A meta-analysis of the leading behavioral contributors to mortality. *Psychological Bulletin, 130,* 887-919.

Brummett, B. H., Siegler, I. C., Day, R. S., & Costa, P. T. (2008). Personality as a predictor of dietary quality in spouses during midlife. *Behavioral Medicine, 34,* 5-10.

Butler, R. N. (1969). Age-ism: Another form of bigofry. *Gerontologist, 9,* 243-246.

Carstensen, L. L. (1991). Selectivity theory: Social activity in life-span context. In K. W. Schaie & M. P. Lawton (Eds.), *Annual review of gerontology and geriatrics* (Vol. 11, pp.195-217). New York: Springer.

Costa, P. T., & McCrae, R. R. (1992). *Revised NEO Personality Inventory (NEO PI-R). and NEO Five-Factor Inventory (NEO-FFI). Professional manual.* Lutz, FL: Psychological Assessment Resources.

Dixon, R. A., de Frias, C. M., & Bäckman, (2001). Characteristics of self-reported memory compensation in older adults. *Journal of Clinical and Experimental Neuropsychology, 23,* 650-661.

Dixon, R. A., & Gould, O. N. (1998). Younger and older adults collaborating on retelling everyday stories. *Applied Developmental Science, 2,* 160-171.

Erikson, E. H. (1959). *Identity and life course research.* New York: The Guilford Press.（本田時雄・岡林秀樹（監訳）(2013)．ライフコース研究の技法—多様でダイナミックな人生を捉えるために　明石書店）

Erikson, E. H. (1963). *Childhood and Society* (2nd ed.). New York: W.W.Norton.（仁科弥生（訳）(1977)．幼児期と社会　みすず書房）

Erikson, E. H., & Erikson, J. M. (1997). *The life cycle completed.* Extended version. New York: W. W. Norton.（村瀬孝雄・近藤邦夫（訳）(2001)．ライフサイクル，その完結　増補版　みすず書房）

権藤恭之（編）(2008)．高齢者心理学　朝倉書店

権藤恭之 (2016)．感覚器の老化の特徴　佐藤眞一・権藤恭之（編著）よくわかる高齢者心理学（pp.8-9）ミネルヴァ書房

Havighurst, R. J. (1953). *Older people.* New York: Longmans.

東村奈緒美・坂口幸弘・柏木哲夫 (2001)．死別経験による成長感尺度の構成と信頼性・妥当性の検証　臨床精神医学，*30,* 999-1006.

Homes, T. H., & Rahe, R. H. (1967). The social readjustment rating scale. *Journal of Psychosomatic Research, 11,* 213-221.

堀　薫夫 (2001)．教育老年学の構想：エイジングと生涯学習　博士論文（大阪大学）

Iwasa, H., Masui, Y., Gondo, Y., Inagaki, H., Kawai, C., & Suzuki, T. (2008). Personality and all-cause mortality among older adults dwelling in a Japanese community: A five-year population-based prospective cohort study. *American Journal of Geriatric Psychiatry, 16*, 399–405.

Iwasa, H., Masui, Y., Gondo, Y., Yoshida, Y., Inagaki, H., … Suzuki, T. (2009). Personality and participation in mass health checkups among Japanese community-dwelling elderly. *Journal of Psychosomatic Research, 66*, 155–159.

柏木惠子（編）（1993）．父親の発達心理学—父性の現在とその周辺　川島書店

柏木惠子（2010）．アロマザリングを阻む文化—なぜ「母の手で」が減らないのか？　根ケ山光一・柏木惠子（編）ヒトの子育ての進化と分化—アロマザリングの役割を考える　有斐閣

河合千恵子（編）（1996）．夫・妻の死から立ち直すためのヒント集　三省堂

厚生労働省（2020）．令和元年簡易生命表

Kahn, R. L., & Antonucci, T. C. (1980). Convoys over the life course: Attachment, roles, and social support. In P. B. Baltes & O.G. Grim, (Eds.), *Life span development and behavior* (Vol. 3, pp. 253–286). New York: Academic Press.

Kunzmann, U., & Baltes, P. B. (2003). Wisdom-related knowledge: Affective, motivational, and interpersonal correlates. *Personality and Social Psychology Bulletin, 29*, 1104–1119.

久世淳子（2017）．高齢者の人間関係　山口智子（編）老いのこころと寄り添うこころ—介護職・対人援助職のための心理学　改訂版（pp.70–81）遠見書房

Kübler-Ross, E. (1969). *On death and dying*. New York: MacMillan.（川口正吉（訳）（1971）．死ぬ瞬間—死にゆく人々との対話　読売新聞社）

Marshall, G. N., Wortman, C. B., Vickers, R. R., Kusulas, J. W., & Hervig, L. K. (1994). The five-factor model of personality as a framework for personality-health research. *Journal of Personality and Social Psychology, 67*, 278–286.

Masui, Y., Gondo, Y., Inagaki, H., & Hirose, N. (2006). Do personality characteristics predict longevity? Findings from the Tokyo Centenarian Study. *Age, 28*, 353–361.

Morgan, D. L. (1988). Age differences in social network participation. *Journal of Gerontology, 43*, S129–137.

中里和弘（2016）．介護の世界：施設における看取りとグリーフケア　介護人材 Q&A，2015年2月号，*12*，74–75.

新名理恵・矢富直美・本間　昭（1991）．痴呆性老人の在宅介護者の負担感に対するソーシャルサポートの緩衝効果　老年精神医学雑誌，*2*，655–663.

岡林秀樹・杉澤秀博・矢富直美・中谷陽明・高梨　薫・深谷太郎・柴田　博（1997）．配偶者との死別が高齢者の健康に及ぼす影響と社会的支援の緩衝効果　心理学研究，*68*，147–154.

岡林秀樹・杉澤秀博・高梨　薫・中谷陽明・杉原陽子・深谷太郎・柴田　博（2003）．障害高齢者の在宅介護における対処方略のストレス緩衝効果　心理学研究，*74*，57–63.

Palmore, E. B. (1998). *The facts on aging quiz* (2nd ed.). New York: Springer.（鈴木研一（訳）（2002）．エイジズム—高齢者差別の実装と克服の展望　明石書店）

Pinquart, M., & Sörensen, S. (2000). Influences of socioeconomic status, social network, and competence on subjective well-being in later life: A meta-analysis. *Psychology and Aging, 15*, 187–224.

Roberts, B. W., & DelVecchio, W. F. (2000). The rank-order consistency of personality traits from childhood to old age: A quantitative review of longitudinal studies. *Psychological Bulletin, 126*, 3–25.

Rowe, J. W., & Kahn, R. L. (1997). Successful aging. *Gerontologist, 37*, 433–440.

櫻井成美（1999）．介護肯定感がもつ負担感軽減効果　心理学研究，*70*，203–210.

坂上裕子・山口智子・林　創・中間玲子（2014）．問いからはじめる発達心理学—生涯にわたる育ちの科学　有斐閣

佐藤眞一（2005）．老年期の家族と介護　老年精神医学雑誌，*16*，1409–1418.

佐藤眞一・下仲順子・中里克弘・河合千恵子（1997）．年齢アイデンティティのコホート差，性差，およびその規定余韻—生涯発達の視点から　発達心理学研究，*8*，88–97.

Schein, E. H. (1978). *Career dynamics: Matching individual and organizational needs*. Philippines: Addison Wesley.（二村敏子・三善勝代（訳）（1991）．キャリア・ダイナミクス．白桃書房）

Schein, E. H. (1990). *Career anchors: Discovering your real values*, Revised edition. San Francisco, CA:

Jossey-Bass/Pfeiffer.（金井壽宏（訳）（2003）キャリア・アンカー——自分の本当の価値を発見しよう　白桃書房）

Singer, T., Verhaeghen, P., Ghisletta, P., Lindenberger, U., & Baltes, P. B. (2003). The fate of cognition in very old age: Six-year longitudinal findings in the Berlin Aging Study (BASE). *Psychology and Aging, 18*, 318-331.

Smith, J., & Baltes, P. B. (1990). Wisdom-related knowledge: Age/cohort defferences in response to life-planning problems. *Developmental Psychology, 26*, 494-505.

Steunenberg, B., Beekman, A. T., Deeg, D. J., & Kerkhof, A. J. (2006). Personality and the onset of depression in late life. *Journal of Affective Disorders, 92*, 243-251.

Strawbridge, W. J., Wallhagen, M. I., & Shema, S. J. (2007). Impact of spouse vision impairment on partner health and well-being: A longitudinal analysis of couples. *Journal of Gerontology, Series B: Psychological Sciences and Social Sciences, 62*, S315-322.

Swickert, R. J., Rosentreter, C. J., Hittner, J. B., & Mushrush, J. E. (2002). Extraversion: Social support processes, and stress. *Personality and Individual Differences, 32*, 877-891.

鈴木隆雄・權　珍嬉（2006）．日本人高齢者における身体機能の・縦断的・横断的変化に関する研究——高齢者は若返っているか？　厚生の指標，*53*，1-10.

陶山啓子・河野理恵・河野保子（2004）．家族介護者の介護肯定感の形成に関する要因分析　老年社会科学，*25*，461-470.

Terracciano, A., McCrae, R. R., Brant, L. J., & Costa, O. T., Jr. (2005). Hierarchical liner modeling analyses of the NEO-PI-R scales in the Baltimore Longitudinal Study of Aging. *Psychology and Aging, 20*, 493-506.

Tornstam, L. (2005). *Gerotranscendance: A developmental theory of positive aging*. Springer.

若林　満・松原敏浩（共著）（1988）．組織心理学　福村出版

Wallhagen, M. I., Strawbridge, W. J., Shema, S. J., & Kaplan, G. A. (2004). Impact of self-assessed hearing loss on a spouse: A longitudinal analysis of couples. *Journal of Gerontology Series B: Psychological Sciences and Social Sciences, 59*, S190-S196.

Wang, H., Dwyer-Lindgren, L., Lofgren, K. T., Rajaratnam, J. K., Marcus, J. R., Levin-Rector, A., ... & Murray, C. J. L. (2012). Age-specific and sex-specific mortality in 187 countries, 1970-2010: A systematic analysis for the Global Burden of Disease Study 2010. *Lancet, 380*, 2071-2094.

山口裕幸・金井篤子（編著）（2007）．よくわかる産業・組織心理学　ミネルヴァ書房

第11章　健康的なパーソナリティとは？
パーソナリティと精神的健康の心理学

１．パーソナリティとは

　あなたは，パーソナリティ（personality）という言葉を聞いて，何を思い浮かべるだろうか。もしかしたら，真っ先にラジオやイベントなどの司会者のことが想像されるかもしれないが，心理学ではパーソナリティが司会者という意味合いで使われることはほとんどない。それでは，心理学におけるパーソナリティとはいったいどのようなものなのだろうか。

　パーソナリティは，私たちにとって実は非常に身近なものである。次にあげる日常会話は，いずれも頻繁に見聞きされる，人のパーソナリティについての話題の例である。これらの会話場面から，パーソナリティが何であるかを想像してみてほしい。①「Aくんは楽観主義者だね」，②「Bさんって，かなり几帳面なところがあるの」，③「C氏は明朗快活な人物である」…。いかがだろうか，何となくおわかりになっただろうか。

　ここで，これらの例に**性格**という言葉を当てはめてみよう。そうすると，①'「Aくんは楽観主義者だね（＝楽観的な性格）」，②'「Bさんって，かなり几帳面なところがあるの（＝几帳面な性格）」，③'「C氏は明朗快活な人物である（＝明るく朗らかな性格）」となり，いずれの例も登場人物それぞれの性格のことを話題にしているということがご理解いただけるだろう。以上のことから，パーソナリティは性格のことを表していると考えることができる。

　しかし，パーソナリティ＝（イコール）性格と考えることは早計である。なぜなら，心理学においてパーソナリティは「その人らしさを表す特徴を統合した，一貫性のある安定的・全体的な行動傾向」という定義にまとめられており，「その人らしさを表す特徴」の中に性格が含まれているため，両者は完全にイ

コールの関係ではないからである。心理学における性格は，その人の感情や意志という側面の限られた特徴しか含まれていないのに対して，パーソナリティには性格の他にも知能，態度，興味，価値観など，ありとあらゆる「その人らしさを表す特徴」が含まれている。そのため，たとえばある人の知能に関して「あの人は賢いパーソナリティだね」という表現をした場合，パーソナリティには知能の側面が含まれていることから，この表現は日本語としてはやや不自然ではあるものの正しいということになる。一方，「あの人は賢い性格だね」という表現をした場合，性格も知能も「その人らしさを表す特徴」として同列の関係であり，どちらもパーソナリティの一側面であるということから，こちらの表現は厳密な意味では誤りということになる。昨今の心理学では，人の個性を表す言葉として，パーソナリティという言葉の方が性格という言葉に比べてより一般的に用いられるようになっているが，ここまで述べてきたように，性格と比べてパーソナリティの方がより広範な特徴を含んでいるということがその理由としてあげられるであろう。

　ちなみに，紀元前3世紀の書物には，すでにパーソナリティに関する記述が登場しており，パーソナリティは昔から多くの人に関心をもたれていたことが垣間見られる。また，パーソナリティの語源は，ラテン語の**ペルソナ**（persona）であるといわれている。ペルソナは，古代ギリシャの劇中で役者がかぶっていた仮面のことを指している。役者たちは，それぞれ自分が演じる役柄を表した仮面をかぶって劇を演じていたが，それが転じて，ペルソナは劇中での役柄や役者そのものを表すようになっていった。そして，その後演劇からは離れ，その人の社会的役割などのパーソナリティを表すようになった。このように，パーソナリティの歴史は意外にも古いのである。

　次節以降では，まずはパーソナリティ心理学において中心的な役割を果たしてきた理論である類型論と特性論について，日常場面における具体例を踏まえながら解説するので，読者のみなさんには2つの考え方の違いを理解していただきたい。そして，特性論的な観点からパーソナリティと精神的健康の関連について検討された研究を紹介し，本章の主題である健康的なパーソナリティとは何かについて考えてみたい。

2．パーソナリティの類型論

（1）類型論とは

　あなたは，自己紹介をするときに自分のパーソナリティについて話したこと
はあるだろうか。その際，「私は織田信長タイプです」というように，歴史上
の人物などにたとえて自分のパーソナリティを紹介したことがある人もいるか
もしれない。そのことにより，あなたがおおよそどんな人物であるかを他者に
簡潔に伝えることができ，他者もそれであなたの人物像が理解しやすくなる。
たとえば，戦国時代の三大武将の１人である，上述の織田信長タイプであれば，
革新的で権威に媚びず，目的の達成のためには手段を選ばないようなパーソナ
リティであることが何となく思い浮かぶだろう。同様に，戦国時代の三大武将
である他の人物も見てみよう。豊臣秀吉タイプなら人たらしで気配りが上手，
徳川家康タイプなら義理堅く辛抱強いなどといったように，織田信長タイプと
はまた違ったパーソナリティであることが理解できよう。これらのように，何
らかの基準によっていくつかのタイプに分類することでパーソナリティを理解
するという考え方を，**類型論**という。上記の自己紹介の例からもわかるように，
類型論的な考え方は実は日常場面でよく使われているものなのである。

（2）パーソナリティと血液型の関連

　日常場面でよく使われている類型論的な考え方の他の例として，パーソナリ
ティと**血液型**の関連についての話題がある。この話題は，血液型でタイプを分
類してパーソナリティを理解しようとするところが，まさに類型論的な考え方
なのである。
　ここで，簡単な実験をしてみよう。表11-1の自分の血液型に該当する部分
に書かれたパーソナリティの特徴を見てほしい。そして，「A．当てはまると
ころがあった」「B．全く当てはまるところがなかった」のどちらか一方を選
んでみよう。
　どうだろうか，ほとんどの人が「A．当てはまるところがあった」と回答し
たのではないだろうか。このことから，パーソナリティと血液型は関連がある

表11-1　血液型ごとのパーソナリティの特徴（小塩，2007を改変）

A型の特徴	B型の特徴
・周りを客観的に観察する	・周囲の変化に順応しやすい
・表情の変化が乏しい	・感動しやすい
・他の人に自分の内面を知られたくない	・自分の能力や健康の変化に気づき易い
・能力で社会参加したいと考えている	・気分が安定している
・知性を重んじる	・行動が感情で左右される
・守ってくれる人を求める	・他の人との優劣を比較する
・あまり指導的な立場に立ちたくない	・信念をもっている
・感情が比較的安定している	・中心に立って人目を引く

O型の特徴	AB型の特徴
・表情が豊か	・自分の心を知られたくない
・感情をあまり抑えられない	・常識やルールに従う方
・型にはまらず柔軟な考えをする	・控え目で常識的
・内面への関心が薄い	・心の友を求める
・活動的で気まぐれ	・あまり中心に立たない
・科学性を重んじる	・他の人の言動に敏感
・あまり周囲に合わせようとしない	・攻撃されると防御する
・自分以外に興味がある方	・感情をコントロールする

と実感した人も少なくないことが想定される。

　しかし，ちょっと待ってほしい。表11-1は，能見（1971）に示された各血液型の特徴を小塩（2007）がごっそり入れ替えて表にしたものを，さらに筆者が改変したものである。表11-1に示された特徴は，自分の血液型が何型かにかかわらずいずれも多くの人が大なり小なり当てはまるようなありふれたものであるため，少しでも当てはまるところがあると必然的に「A．当てはまるところがあった」と回答することになる。「A．当てはまるところがあった」と回答した人は，本来自分には当てはまらないはずの血液型の特徴さえも，上記の理由から自分に当てはまると回答してしまい，さもパーソナリティと血液型に関連があるように感じてしまっただけに過ぎないのである。心理学では，パーソナリティと血液型の無関連性を積極的に主張する知見（縄田，2014）もあるなど，パーソナリティと血液型の間に明確な関連は示されていないのだが，この実験結果からも理解できよう。

（3）クレッチマーの類型論

　類型論は，おもにドイツを中心としたヨーロッパで実証的な研究がなされてきた。その代表的なものに，ドイツの精神医学者であるクレッチマー（Kretschmer, E.）による類型論がある（Kretschmer, 1955）。20世紀の初旬に，クレッチマーは自身の臨床経験から，当時の3大精神疾患と考えられていた**統合失調症，双極性障害，てんかん**の患者の体型がそれぞれ異なることを見出した。具体的には，統合失調症患者には痩せている**細長型**，双極性障害患者には太っている**肥満型**，てんかん患者には筋肉質である**闘士型**の人がそれぞれ相対的に多いと考えた。その後，クレッチマーは，患者が病気にかかる前のパーソナリティ（病前性格）や，患者の親戚縁者のパーソナリティなどを調べた。その結果，細長型の人は統合失調症患者に似た**分裂気質**，肥満型の人は双極性障害患者に似た**循環気質**，闘士型の人はてんかん患者に似た**粘着気質**であることが多いと推測した。分裂気質は，過敏性を表す特徴（臆病，敏感など）と，鈍感性を表す特徴（従順，正直など）を，それぞれあわせもつ。循環気質は，躁状態を表す特徴（明朗，活発など）と，うつ状態を表す特徴（寡黙，陰鬱など）を，それぞれあわせもつ。粘着気質は，粘着性を表す特徴（精神的テンポが遅い，人に対してていねいなど）と，爆発性を表す特徴（興奮すると夢中になる，怒りやすいなど）を，それぞれあわせもつ。以上のように，これらの気質はそれぞれ相反する2つの側面をあわせもつ，という特徴がある。

　クレッチマーの類型論は，彼自身の臨床経験に基づき，精神疾患および体型とパーソナリティを結びつけてタイプの分類を行った点が大きな特徴である。しかし，問題点もいくつか残されている。まずは，体型の変化に伴うパーソナリティの変化に対する疑問である。細長型の人が筋トレに励んで闘士型へ体型が変化すれば，それに伴い分裂気質から粘着気質に変化するものなのだろうか。続いて，3つの気質の独立性に関する疑問である。3つの気質は完全に独立したものであり，重複する部分（たとえば，寡黙という特徴は循環気質のみに見受けられ，分裂気質や粘着気質には見受けられないなど）はないといえるのだろうか。これらの疑問については明確な回答が得られていないため，その歴史的意義は認められるものの，この理論は現在では研究の場面ではほとんど用いられていない。

（4）類型論の特徴

　類型論は，個人の人物像を一言で
説明可能であるため，単純明快でわ
かりやすいことが長所といえよう。
一方，典型的なタイプのみが想定さ
れ，あるタイプと別のタイプとの間
の中間的なタイプは無視されてしま
う。さらに，個人がひとたびあるタ
イプに当てはめられると，そのタイ
プの特徴しかもっていないことにな
り，その人が実際には他のタイプの
特徴をもっていたとしても見落とされてしまう恐れがある。これらのように，
典型例から漏れる例外の場合をとらえきれないことが，類型論の短所といえよ
う（図11-1を参照）。

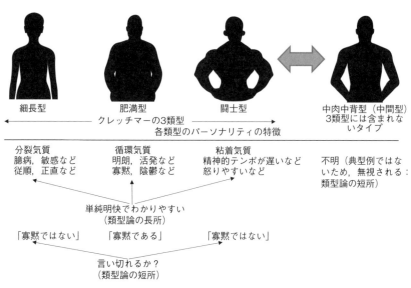

図11-1　クレッチマーの3類型を踏まえた類型論の特徴（Kretschmer, 1955をもとに作成）

3．パーソナリティの特性論

（1）特性論とは

　突然だが，ＤくんとＥさんが自分たちのパーソナリティについて会話している場面を見てみよう。Ｄくんは「ぼくはかなり内向的なんだけど，情緒はすごく安定しているんだよね」とＥさんに語っている。それに対してＥさんは「ウチは全く逆で，めっちゃ外向的やねんけど，情緒不安定過ぎやわ…」と力なくＤくんにぼやいている。もしかすると，あなたも友人たちと同じような会話をしたこともあるかもしれない。

　特性論は，パーソナリティ特性と呼ばれる「その人らしさを表す特徴」の程度によって，個人のパーソナリティを理解しようとする考え方である。先ほどの会話では，その個人が外向的か否かの程度を表す**外向性**と，情緒が安定しているか否かの程度を表す**情緒安定性**がそれぞれパーソナリティ特性に該当する。実際には，外向性と情緒安定性を測定する複数の質問項目に回答して得点化し，その得点の高低により，その個人における外向性と情緒安定性の量的な程度が表される。ＤくんとＥさんが質問項目に回答した場合を例とすると，「外向性得点がＥさんは10点で，Ｄくんは２点だから，Ｅさんの方がＤくんよりも外向的である」「情緒安定性得点がＤくんは９点で，Ｅさんは１点だから，Ｄくんの方がＥさんよりも情緒が安定している」というように表現され，個人と個人との量的な比較が可能となる。なお，この会話の例からもわかるように，特性論的な考え方も，類型論的な考え方同様実は日常場面でよく使われているものなのである。

（2）アイゼンクの特性論

　特性論は，おもにイギリスやアメリカなどで実証的な研究がなされてきた。その代表的なものの１つに，イギリスの心理学者であるアイゼンク（Eysenck, H. J.）による特性論がある（Eysenck, 1967）。20世紀の中旬頃に，アイゼンクは精神医学的な診断，パーソナリティ検査，動作性検査，身体測定などによって，調査協力者の様々な特性を多数測定した。そして，得られたデータを統計

分析法の一種である因子分析という方法を用いて分析し，「**外向性―内向性**」「**神経症傾向**」という２つの次元を見出した。ちなみに，先述のDくんとEさんの会話に出てきた外向性が「外向性―内向性」に対応し，情緒安定性が「神経症傾向」に対応している（実際には，情緒安定性が高いことは神経症傾向が低い，情緒安定性が低いことは神経症傾向が高いというように，それぞれ逆のことを表しているため，意味を取り違えないように注意が必要である）。

　１つ目の「外向性―内向性」の次元は，個人の**大脳皮質**の興奮過程と制止過程のどちらがより働きやすいかを表すものである。外向的な人は，興奮過程よりも制止過程の方が働きやすいので，弱い刺激ではすぐに大脳皮質の興奮が止まってしまう。このことから，外向的な人は大脳皮質を興奮させようとして常に強い刺激を求め続けるため，活動的であるという特徴が仮定されている。反対に，内向的な人は，制止過程よりも興奮過程の方が働きやすいので，弱い刺激でもすぐに大脳皮質が興奮してしまう。このことから，内向的な人は大脳皮質を興奮させないようにしようとして刺激を回避する傾向があるため，活動的ではないという特徴が仮定されている。なお，先述のDくんとEさんに当てはめてみると，Dくんが内向的であるのは大脳皮質が興奮しやすいからである，逆にEさんが外向的であるのは興奮しにくいからである，ということがそれぞれいえよう。

　２つ目の「神経症傾向」の次元は，個人の**交感神経系**の興奮のしやすさを表すものである。神経症傾向の高い人（情緒安定性の低い人）は，ストレスにさらされたときに交感神経系が興奮しやすいため，情緒不安定であるという特徴が仮定されている。反対に，神経症傾向の低い人（情緒安定性の高い人）は，ストレスにさらされても交感神経系が興奮しにくく，情緒が安定しているという特徴が仮定されている。なお，こちらも先述のDくんとEさんに当てはめてみると，Dくんの情緒が安定している（神経症傾向が低い）のは交感神経系が興奮しにくいからである，逆にEさんの情緒が不安定である（神経症傾向が高い）のは交感神経系が興奮しやすいからである，ということがそれぞれいえよう。

　アイゼンクの特性論で示された「外向性―内向性」と「神経症傾向」という２つのパーソナリティ特性の次元は，その後に発展し，現在主流の考え方の１

つになっている **5 因子モデル**（Costa & McCrae, 1992; Goldberg, 1990 など）
において，**ビッグファイブ**と呼ばれる 5 つの基本的な特性のうちの 2 つに含ま
れるなど，パーソナリティの基本次元としてとらえられるようになった。なお，
アイゼンクはその後 3 つ目の次元として，利己性や攻撃性，他者に対する共感
や関心の欠如などを示す「**精神病質傾向**」を新たに仮定した（Eysenck &
Eysenck, 1975）が，「外向性―内向性」と「神経症傾向」の 2 つの次元に比べ
て定着しなかった。

（3）特性論の特徴

　特性論は，個人の人物像を細かく客観的にとらえようとすることで，パーソ
ナリティの詳細な説明が可能であることが長所といえよう。一方，パーソナリ
ティの全体像を把握するためにはどのようなパーソナリティ特性を測定すれば
十分であるか最終的な結論が未だ得られていないため，測定の際に詳細な情報
を得ようとして多くの指標を盛り込んでしまいがちである。その結果，情報過
多になってパーソナリティの全体像がぼやけてしまい，かえって理解できなく
なってしまう恐れがある。このように，パーソナリティの直感的な理解を妨げ
てしまうことが，特性論の短所といえよう。

4．パーソナリティと精神的健康

（1）精神的健康と関連するパーソナリティ

　あなたは，「精神的に健康な人ってどんな人？」と尋ねられた場合，どのよ
うなパーソナリティの持ち主を思い浮かべるだろうか。明るい人，くよくよし
ない人，情緒が安定している人，…などなど，何となくなら思い浮かべること
ができるかもしれない。
　心理学では，パーソナリティと精神的健康の関連について実証された研究知
見がたくさん積み上げられている。その中から，ここでは曖昧さ耐性と精神的
回復力という 2 つのパーソナリティ特性を取り上げ，詳しく見てみよう。

（2）曖昧さ耐性

　私たちは，ぼんやりしており，はっきりせず，すぐに明確な答えが出てこないような曖昧なことに囲まれて生活している。たとえば，新型コロナウイルス禍がいつ頃終息するのかという重大かつ中長期的な話から，再配達依頼した宅配便が何時何分頃にくるのかという取るに足らない目先の話まで，曖昧さはいたるところに見受けられる。

　曖昧さ耐性（ambiguity tolerance）は，「曖昧な事態を好ましいものとして知覚（解釈）する傾向」（Budner, 1962）のことである。曖昧さ耐性の高い人は，先述のような種々の曖昧さに対して，気にならない，辛くない，好きである，などの反応を示す。一方，曖昧さ耐性が低いことを，**曖昧さへの非寛容**（intolerance of ambiguity）という表現を使う場合もある。曖昧さへの非寛容は，フレンケル－ブランズウィック（Frenkel-Brunswik, 1949）によって実施された一連の権威主義パーソナリティの研究において，面接で観察された権威主義者の特徴を概念化したものであり，バドナー（Budner, 1962）では「曖昧な事態を恐れの源泉として知覚（解釈）する傾向」と定義されている。

　曖昧さ耐性は，精神的健康につながる適応的な特性として考えられており，曖昧さに耐えられない者と比べて耐えられる者はおおむね精神的に健康であることが，友野（2017）による一連の研究で示されている。ここでは，対人場面の曖昧さに耐えられるか否かが，大学および短期大学の新入学生の適応を左右することを示唆した友野・橋本（2005b）による研究を紹介しよう。

　友野・橋本（2005a）は，曖昧さへの非寛容を対人場面に限定し，「他者との相互作用において生じる曖昧な事態を恐れの源泉として知覚（解釈）する傾向」と定義された，**対人場面における曖昧さへの非寛容**（interpersonal intolerance of ambiguity）を提唱した。そして，友野・橋本（2005b）は，対人場面における曖昧さへの非寛容と精神的健康の関連について，大学および短期大学の新入学生を対象として，4月中旬・5月下旬・7月上旬の3回にわたって追跡調査を行った。その結果，対人場面の曖昧さに耐えられない大学生および短期大学生は，入学直後から疲労感や頭痛などの身体的症状，そして不安や不眠を訴えており，時間の経過とともにその程度が大きくなることが示された。一方，対人場面の曖昧さに耐えられる大学生および短期大学生は，入学直後は多少精

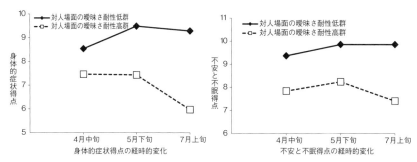

図11-2　大学および短期大学新入学生の曖昧さ耐性と精神的健康の関連の経時的変化
（友野・橋本，2005b を改変）

神的不健康の兆候が見られても，時間の経過とともにその状態が緩和されていくことが示された（図11-2を参照）。以上のことから，曖昧さ耐性は精神的健康と関連するパーソナリティ特性であるといえよう。

（3）精神的回復力

あなたの身近に，辛いことがあってもすぐに立ち直って元気を取り戻している人はいないだろうか。もしいたのなら，その人はもしかすると精神的回復力が高いのかもしれない。

小塩ら（2002）は，**精神的回復力**には「**新奇性追求**：新たな事に興味や関心をもち，さまざまなことにチャレンジしていこうとする」，「**感情調整**：自分の感情をうまく制御することができる」，「**肯定的な未来志向**：明るくポジティブな未来を予想し，その将来に向けて努力しようとする」という3側面があると考えている。これらは，「**レジリエンス**：困難で脅威的な状況にもかかわらず，うまく適応する過程，能力，および結果」（resilience: Masten et al., 1990）に結びつきやすいパーソナリティ特性としてとらえられている。

精神的回復力と精神的健康の関連については，女性看護師における**自尊感情**（根木・片山，2018），幼稚園教師における精神的健康（西坂，2006），乳がん患者における**クオリティオブライフ**（若崎ら，2007）など，多様な対象で正の関連が示されている。また，前項で紹介した対人場面における曖昧さへの非寛容とも負の関連が示されており（友野，2007），いずれも精神的回復力が高いと精神的に健康であることを示唆している。以上のことから，精神的回復力も

精神的健康と関連するパーソナリティ特性であるといえよう。

（友野隆成）

調べてみよう，考えてみよう！

①伝記や漫画，ブログ記事などから精神的に健康なパーソナリティをもつと考えられる人物について調べ，その根拠となる記述をあげてみよう。

②パーソナリティの類型論および特性論に関して，日常生活で用いる際の注意点についてそれぞれの長所と短所を踏まえて考えてみよう。

引用文献

Budner, S. (1962). Intolerance of ambiguity as a personality variable. *Journal of Personality, 30,* 29–50.

Costa, Jr., P. T., & McCrae, R. R. (1992). *NEO-PI-R Professional manual : Revised NEO Personality Inventory (NEO-PI-R) and NEO Five-Factor Inventory (NEO-FFI).* Odessa, FL: Psychological Assessment Resources.（下仲順子・中里克治・権藤恭之・高山　緑（訳）(2011). NEO-FFI/NEO-PI-R共通マニュアル 改訂増補版　東京心理）

Eysenck, H. J. (1967). *The biological basis of personality.* Springfield, IL : Charles C. Thomas Publisher.（梅津耕作・祐宗省三・山内光哉・井上　厚・羽生義正・中森正純・篁　一誠・伊藤春生・平出彦仁（訳）(1973). 人格の構造—その生物学的基礎—　岩崎学術出版社）

Eysenck, H. J., & Eysenck, S. B. G. (1975). *Manual of the Eysenck Personality Questionnaire (Junior and Adult).* Kent, UK: Hodder & Stoughton.

Frenkel-Brunswik, E. (1949). Intolerance of ambiguity as an emotional and perceptual personality variable. *Journal of Personality, 18,* 108–143.

Goldberg, L. R. (1990). An alternative "description of personality" : The Big-Five factor structure. *Journal of Personality and Social Psychology, 59,* 1216–1229.

Kretschmer, E. (1955). *Körperbau und Charakter.* Berlin: Springer.（相場　均（訳）(1960). 体格と性格　文光堂）

Masten, A. S., Best, K., & Garmezy, N. (1990). Resilience and development: Contributions from the study of children who overcame adversity. *Development and Psychopathology, 2,* 425–444.

縄田健悟 (2014). 血液型と性格の無関連性——日本と米国の大規模社会調査を用いた実証的論拠——　心理学研究, *85,* 148–156.

根木香代子・片山はるみ (2018). 女性中堅看護師のレジリエンスに対する自尊感情と自己効力感の影響　日本看護科学会誌, *38,* 89–96.

西坂小百合 (2006). 幼稚園教師のストレスと精神的健康に及ぼす職場環境，精神的回復力の影響　立教女学院短期大学紀要, *38,* 91–99.

能見正比古 (1971). 血液型でわかる相性　青春出版社

小塩真司 (2007). 血液型とパーソナリティを考える　小塩真司・中間玲子　あなたとわたしはどう違う？—パーソナリティ心理学入門講義 (pp. 55–68)　ナカニシヤ出版

小塩真司・中谷素之・金子一史・長峰伸治 (2002). ネガティブな出来事からの立ち直りを導く心理的特性—精神的回復力尺度の作成—　カウンセリング研究, *35,* 57–65.

友野隆成 (2007). 対人場面におけるあいまいさへの非寛容と精神的回復力との関連性について　同志社心理, *54,* 26–30.

友野隆成 (2017). あいまいさへの非寛容と精神的健康の心理学　ナカニシヤ出版

友野隆成・橋本　宰 (2005a). 改訂版対人場面におけるあいまいさへの非寛容尺度作成の試み　パーソナリティ研究, *13,* 220–230.

友野隆成・橋本　宰（2005b）．対人場面におけるあいまいさへの非寛容が新入学生の適応過程に及ぼす影
　　響　パーソナリティ研究，*14*，132-134.

若崎淳子・谷口敏代・掛橋千賀子・森　將晏（2007）．成人期初発乳がん患者の術後の QOL に関わる要因
　　の探索　日本クリティカルケア看護学会誌，*3*，43-55.

第12章　人とのかかわりの中で生きる
人間関係の心理学

　人間は社会的動物だといわれる。人は一人では生きていけない。もちろんこれは，一人では生物学的に生きていけないということのみをいっているのではない。もし，食料が十分にあり，奇跡的に生まれてから一人きりで生きることができたとしても，その人の住む世界は私たちのそれとはずいぶん違ったものとなるだろう。

　私たちは人とのかかわりの中で生きている。私たちは，人とのかかわりの中で人の影響を受け，そして，その中で成長していく。人とのかかわり（人間関係）は私たちにとって決定的に重要である。ただ，それは対立や争いも生む。個人間の争いも，民族間の争いも，国家間の争いもそうである。しかし，人が人とのかかわりの中でしか生きられないとするならば，その中で，争いをなくし，共に生きる道を探すしかないはずだ。本章では，こうしたことを考えていきたい。まず，私たちが人から受ける影響について確認する（第1節）。次に，集団が私たちに与える影響について述べる（第2節）。続いて，「私」が人とのかかわりの中で生まれることを述べる（第3節）。そして，最後に，多様な人たちが共に生きるためにはどうすればいいかを考える（第4節）。

1．他者の影響

　日々の生活の中で，本当はしたくないことを依頼されたり，期待されたりすることがある。できれば断りたいけれど，それが先輩や上司からの依頼だったら，なかなか断ることは難しい。逆の場合もあるかもしれない。自分が先輩や上司の立場だったら，ついつい理不尽なことを後輩や部下に要求してしまう。人は人に危害を加えるような要求であっても，偉い人から命令されると実行してしまうのだろうか。あるいは，自分が偉い立場にあればそうした理不尽な命

令をしてしまうのだろうか。

（1）人は他者の意見にどれぐらい影響されるのか―ミルグラムの服従実験

　1960年，アドルフ・アイヒマン（Eichmann, A. D.）がイスラエルで裁判にかけられた。第二次世界大戦中，ヒトラー（Hitler, A.）率いるナチスによるユダヤ人虐殺に関わった罪である。この裁判において，アイヒマンは自分にユダヤ人を虐殺する意図はなかったが，ヒトラーの命令に従わざるを得なかったと主張した。果たして，人は権威ある人に命令されると自らの意に反して殺人すら犯してしまうのだろうか。

　ユダヤ系アメリカ人のミルグラム（Milgram, S., 1974）は，「罰が記憶に与える影響を見る実験」に集まった20歳から50歳の一般男性を「教師役」と「生徒役」に分けた。この実験の登場人物は，「教師」と「生徒」と「監督者」の３人である。生徒は，教師からは見えない隣室の電気椅子に座らされ記憶の試験を受ける。そして，生徒が問題を間違えると，監督者の命令により，教師が目の前に置かれた器具を操作して生徒に電気ショックを与えるのである。教師が監督者から命じられる電気ショックのレベルは生徒が誤答するごとに徐々に高くなり，最後は「危険」などと表示されているレベルに達する。電気ショックを与えられた生徒はレベルが高くなるに従い苦痛の声を上げ，隣室の教師にも苦しんでいる様子が伝わってくる。

　この実験で，実は，生徒役はサクラ（実験協力者）であり，実際には電気ショックを受けているわけではない。本当の実験参加者は教師役の男性であり，その目的は，教師が監督者の命令にどの程度従うかを調べることであった。教師が電気ショックを躊躇した場合には，監督者が「続けてください」「続ける以外に選択肢はありません」などと命令し，電気ショックを促した。

　さて，みなさんが「教師」だったら「監督者」の命令に背くことができただろうか。どれぐらいの人が，電気ショックのレベルを最後まで上げたとみなさんは考えるだろう。この実験では，40人中26人（65％）が最後まで電気ショックのレベルを上げた。半数以上の人が命令に従い，生徒を虐待し続けたのである。ただ，実験参加者は何の躊躇もなくこうした命令に服従したわけではない。彼らは実験中，緊張のために汗をかいたり，声をあげたりするなど心理的葛藤

に苦しんでいたことがわかっている。いずれにせよ，この実験から，アイヒマンが特別卑劣な人間であったわけではなく，普通の人々であっても，特定の状況下においては，自分の意に反して権威者に服従することが明らかになった。

（2）与えられた役割は人をどのように変えるのか―ジンバルドの模擬刑務所実験

こんな人はいないだろうか。よくしっかりしているとか面倒見がいいといわれるが，それは，最初からそうだったのではなく，長男，長女として育てられたからである。あるいは，部活やサークルの部長となってから，ずいぶんと責任ある行動をとるようになった。このように，人は，他者からの期待や与えられた役割によって影響を受ける。

ジンバルド（Zimbardo, P.）らは新聞広告で募集したアルバイト男性21人をランダムに「囚人」と「看守」に分け，大学内に作った模擬刑務所でそれぞれの役割を果たす実験を行った。リアリティを高めるため，「囚人」は自宅付近で「逮捕」され，パトカーで連行され，番号のついた囚人服を着せられ，監獄に入れられた。「看守」は，サングラスをかけ制服を着て警笛と警棒を身に着けた（Haney et al., 1973）（図12−1）。

実験が続き，実験参加者が実際の囚人や看守のようにふるまっていく中で，実験参加者に変化が見られるようになった。囚人には自己否定や無気力といったより囚人らしい行動が，看守には高圧的な言動や囚人への侮辱といった看守らしい行動が増えていったのだ。そして，その結果，心理的変調をきたす「囚人」が出たため，当初2週間を予定していた実験は6日間で中止せざるを得なくなった。

このように実験参加者が指示された以上にそれぞれの役割に染まっていった理由は，先の実験に見られる服従というよりも，役割の内面化によるものだと考えられる。つまり，強制されたのではなく，自ら進んでその役割に染まっていったのである。

さて，ここで示した2つの実験は，人が他者や環境の影響を強く受ける動物であることを示している。ミルグラムの実験では，自分よりも強い他者からの影響が示された。そして，ジンバルドらの実験では，与えられた役割が自らの

図12-1　模擬刑務所実験をもとにした映画作品「The Stanford Prison Experiment」のポスター
（2015年，アメリカ）

行動に影響することが示された。この実験で注目すべきは実験参加者が役割を
内面化し，自発的に役割に即した行動をとるようになったという点である。な
ぜそうなったのか。それは実験参加者が「看守」「囚人」という集団に属した
ことと無関係ではない。

　ここで確認すべきは，第1に，「私」の脆弱性である。私たちは確固たる
「私」を維持しながら，自ら考え，自ら行動していると思っている。しかし，
実際には，「私」とは他者や状況に強く影響されるとてももろく不安定なもの
なのだ。そして，第2に，そうしたもろく不安定な「私」を維持するうえで，
集団の影響が大きいということである。次節では，集団が人に与える影響を見
てみよう。

　ただその前に大事な点を確認しておく必要がある。それは，倫理に関する視
点である。今日ではここで示したような実験には倫理的な問題があると考えら
れている。嘘の目的で実験に参加させ，参加者に精神的・肉体的苦痛を与えて
いるからである。みなさんが実験や調査をする場合には，実験参加者や協力者
の人権に充分配慮しなければならない。卒業研究で実験や調査を行う場合にも，
所属大学の倫理委員会などの承認を得る必要がある。そして，実験を行う際に

は，実験参加者に対し，実験の目的・方法，予想される苦痛や不快感などを含む実験内容を事前に説明し同意を得なければならない（詳しくは日本心理学会（2011）などを参照のこと）。

2．集団による影響

バッタが大量発生し，空を覆いつくす光景を見たことがあるだろうか。農作物に大きな被害をもたらす「蝗害」である。蝗害を引き起こすバッタと普段目にするバッタは，見た目も性格も大きく異なる。しかし，これらは同じ種類のバッタなのだ。驚くことに，バッタは密集しているか密集していないかという環境の違いによって，身体や性格が変化する。

人間がバッタと同じというわけではないが，人間も一人でいるときと集団でいるときでは異なる。人は何らかの集団に所属することによりその集団から大きな影響を受けるのだ。

（1）どんなときに「集団」は生まれるのか

まず，集団が生まれる条件を考えてみよう。みなさんはどのような集団に所属しているだろうか。学校，サークル，アルバイト，家族，これらはすべて集団である。一般には，偶然同じ電車に乗り合わせたような，単に人が集まっているだけの状態を集団とは呼ばない。これらを**集団**と区別して**集合**と呼ぶことにしよう。所属している集団（集合）への帰属意識や一体感を**凝集性**と呼ぶならば，集団は集合よりも凝集性が高いということになる。

ではどのようなときに凝集性が高まり，「集合」は「集団」となるのだろうか。考えられるのは，困難を乗り越えてその集団の一員になったときや，集団の一員として共通の目標に向かって頑張ったときなどであろう。たとえば，あこがれて入学した学校への思い入れは強いだろうし，優勝を目指して共に練習した部活の凝集性は高いだろう。しかし，そのような経験がなくても，ごくごく単純な条件だけで人の集団への帰属意識が喚起されることがわかっている。

タジフェルら（Tajifel et al., 1971）は，ある集合をランダムに2つに分けると，お互いに交流することがなくても，人は自分が所属する集団（**内集団**）と

所属しない集団（**外集団**）を区別し，内集団のメンバーが有利になるように行動することを実験により示した（これを**内集団びいき**と呼ぶ）。つまり，目標や時間を共有することがなくても，さらにはメンバーと会ったことすらなくても，人は自分が所属している集団と所属していない集団を強く意識するということである。これは人間の社会行動を考えるうえで非常に重要な人間の特性である。なぜならば，この特性が「味方」と「敵」の対立を生じさせる原点だからである。

（2）なぜ自分の集団をポジティブに見るのか―社会的アイデンティティ

　みなさんは新しく環境が変わったときなどに，自己紹介する機会があっただろう。そのとき，どのように自分を紹介するだろうか。名前や性格，趣味など，そして，出身地や出身高校，サークルのことなどを述べるのではないだろうか。この中で前者は**個人的アイデンティティ**に関連し，後者は**社会的アイデンティティ**に関連している。つまり人は個人的な特徴による自己認識と，所属する集団や社会による自己認識をもっている。

　ここで注目すべきは後者の社会的アイデンティティである。社会的アイデンティティの構築は社会的カテゴリー化から始まる。つまり，人は自分がどの集団に属しているかを認識し，そのことが自分のアイデンティティの確立に重要な役割を果たすのである。先に述べたように，内集団と外集団を区別した際には，一般には，自分の属する内集団を高く評価する内集団びいきが起こる。たとえば，自分と同じ地域の出身者に親近感をもち，仲良くなることがあるだろう。これは，内集団を高く評価することによって，自己肯定感を高めるためであると考えられる。

（3）なぜ他の集団をネガティブに見るのか―ステレオタイプと偏見

　一方，外集団に対する評価はどうだろうか。内集団と外集団は何らかの差異によって区別される。そして，区別された集団はそれぞれに何らかの特徴をもつ集団としてとらえられるだろう。ただ，自分が所属する内集団のことはわかりやすいが，所属していない外集団の特徴はわかりにくい。そこで，人は，実際に確認したわけではないが，その集団がおそらくもっているだろうと思われ

る特徴をその外集団に当てはめることになる。これが**ステレオタイプ**である。「大阪人はおもしろい」「ブラジル人はサンバとサッカーが好き」といった具合に。しかし，当然ながらこれらのステレオタイプが，その集団のメンバー全員に当てはまるわけではない。「おもしろくない大阪人」も「サッカーやサンバが苦手なブラジル人」もたくさんいるはずだ。しかし，ステレオタイプのもとでは，こうした個々の特徴は見えなくなってしまう。

　内集団と外集団の差異が強調され，内集団びいきが強くなると，相対的に外集団のステレオタイプがネガティブなものとなる。これは**偏見**と呼ばれる。たとえば，自分が属するサークル（内集団）に好意的であることは，逆にいえば他のサークル（外集団）に対して敵対意識をもつことと裏腹の関係である。血液型についても同じことがいえる。それが，あたかもある血液型の人が全員そうであるかのようなネガティブなステレオタイプと結びつくとき，それは偏見となり，ひいては差別となる。人種，民族，ジェンダー，年齢などによる偏見や差別も基本的にはこれと同じ構造によって生じている。繰り返しになるが，ここで重要なことは，内集団と外集団の区別が必ずしも目的や経験の共有を条件としていないということである。そして，その根拠なきカテゴリー化が偏見や差別を生む可能性をもっている。この問題は第4節でさらに検討することとして，まず次節では「私」の成立において他者が決定的に重要である点を見てみよう。

3．他者とのかかわりから生まれる「私」

　村田沙耶香の小説『孵化』（村田，2019「生命式」収録）の主人公高橋ハルカは，「私には性格がない」という。交友関係によって「キャラ」が変わり呼称も変わるのだ。子どもの頃は優等生の「委員長」，高校時代は天然で間の抜けた「アホカ」，大学時代はかわいらしくふわっとした「姫」，バイト先では男勝りな「ハルオ」といった具合に。そのことで知人から「二重人格」と非難されたりするが，概して主人公はそのことを深く悲観することもなく，多くの人格を受け入れているように見える。

　このことは今日の若者の自己概念像をよく表している。上間・長谷川（2008）

が述べるように，今日の若者は関係性を取り結ぶ相手を「選択」している。そのことから人は複数の独立した関係を結ぶこととなり，その関係性ごとに複数の「キャラ」が設定されることとなる。それは「私」が他者との関係性の中で成立するからである。

（1）2つの「私」―「見ている私」と「見られている私」

「私」とは何だろうか。私は私のことを一番わかっているはずだ。しかし，この問いに答えることは難しい。ただ，確かなことは，「私とは何だろうか」と問うことが「私」の成立に不可欠だということである。そして，大切なことは，その問いを発しているとき「私」は2つに分裂しているということである。すなわち，**見ている私**と**見られている私**である。この私の二重性によって，人は自分を客観的に見つめることができ，そのことが「私」を成立させる。

このことをよく表しているのがクーリー（Cooley, 1902）の**鏡に映った自己**（looking-glass self）の考え方である。私たちは直接自分の姿を見ることができない。私たちは鏡を通してはじめて自分の姿を見ることができる。これと同じように人間は，他者を通してはじめて自分を知るのである。他者という「鏡」に映った自分を見て，自分とはどのようなものなのかを知るということである。つまり，この考えが正しいとすれば，人間は他者を通じてしか自分を知ることができない。自分一人では自分を知ることができないのだ。

（2）私が先か他者が先か―他者の
重要性

「私」の成立において他者の存在がどれだけ重要なのかを発達の過程に注目して確認してみよう。船津（2010）によるとミード（Meed, G. H.）は「社会は自我につねに先行して存在し，自我は社会から生まれ，そこにおける社会的経験と社会的活動の過程において生み出されてくる」と主張した。幼児

期の子どもは，まず最も身近な他者（主に母親）の期待を受け入れることによって「私」を形成する。そして，その後，父母，兄弟，親類，友人など複数の他者との接触を通じて，複数の他者の総体である**一般化された他者**（generalized other）の期待を取り入れることによって「私」を発展させる。このように，他者は「私」に先行し，そのことは「私」が他者との関係性の中に生まれることを意味している。

　このことは次のことにも表れている。通常，高等な類人猿は，鏡に映った自己を，自己の反映として認知することができる。しかし，他個体との接触経験をもたない場合にはこれができない（柏木，1983）。先ほど述べた私の二重性（「見ている私」と「見られている私」）における「見ている私」とはまさに他者の視点の内面化である。大澤（1990）によると，自己とは他者のひとつの特別な形にすぎないということになる。

　さて，ここでもう一度確認するならば，これらの考えが正しいとすれば，自己は他者に先行し，先行している自己が他者を認識するのではない。逆に，他者が自己に先行し，他者との関係性の中で遅れて自己が生成されるということになる。そうだとするならば，自己にとって他者は決定的に重要だということになる。なぜならば，他者との関係が築けなければ自己は存在しないということになるからだ。

　ここまでくれば，本章の冒頭で示した「人間は社会的な動物であり，人は一人では生きていけない」という言葉の意味は明らかだろう。他者がいて初めて「私」が存在するとすれば，他者がいなければ「私」は存在しないということになる。人は一人では生きられないとは，そのような根源的な意味においてである。

　そして，先に述べた村田沙耶香の小説『孵化』で述べられる高橋ハルカのありようは，今日の「私」のありようをよく表していることがわかるだろう。他者との関係性の中で自己が作られるのならば，かかわる他者が異なればそこに結実する自己像も異なることになるだろう。かつての地縁血縁で作られた伝統的コミュニティでの生活のように，関係する他者がある程度固定されているのであれば，確固たる自己像が結ばれやすい。しかし，今日のような多様で重層的な他者とのかかわりの中では，多様な複数の自己が結実することはむしろ当

然の帰結といえる。

4. むすび—共生に向けて

　さて，これまでの議論でいえることは，「私」がいかに不安定で可変的かということである。これを「私」の脆弱性とネガティブにとらえることもできるが，逆に，「私」の流動性としてポジティブにとらえることもできるのではないだろうか。本節ではそう考えることで多様な人々が共に生きる可能性を検討したい。

　今日の世界に目を向けると，海外では警察官の黒人への暴行に端を発する「Black Lives Matter」やセクシャルハラスメントの根絶を訴える「#MeToo」運動など，人種やジェンダーによる差別問題が浮き彫りになっている。国内でもヘイトスピーチが問題となり，経済格差はますます深刻化している。世界はより一層分断されていくようだ。そんな中で，多様な人々が違いを超えて共に生きるためにどうすればよいのか。

　第2節で見た内集団と外集団の対立を解決する方法を検討した実験に，シェリフら（Sherif et al., 1961）の**泥棒洞窟実験**がある。サマーキャンプに参加した少年たちの集団間の関係に焦点を当てたこの実験の第1段階では，少年たちは2つのグループに分けられ，お互いの存在を知らないまま，グループごとに食事やゲームをして親睦を深めた。第2段階では，違うグループの存在を知らされ，野球や綱引きなどを通じて相手グループへの敵対心（集団間葛藤）を高め，同時に自分のグループへの仲間意識を高めた。最終段階では，キャンプ場へ食料を運ぶトラックが故障するなど両グループが協力し合わなければ達成できない上位目標を導入することで，両グループは友好的な関係に変化した。

　このことからわかることは，ただ集団を競争させるだけでは集団間葛藤を生み，対立を深めてしまうこと，そして，その葛藤を解消するには，協力しなければ達成できない集団間の上位目標が必要であるということである。

　このように内集団と外集団が対立している状況で，上位目標を設定することでカテゴリーを変化させようとする**脱カテゴリー化**や**再カテゴリー化**は対立解消の有効な方法であることは間違いない。ただ，亀田・村田（2000）は上位の

カテゴリーが設定されても新たに外集団との対立が生じる可能性があるとして，ブリューワー（Brewer, M. B.）らの**交差カテゴリー化**の概念に言及し，外集団をサブカテゴリー化することで対立を軽減する可能性を述べている。

　改めて考えてみれば，近代に生きる私たちはみな複数の集団に属している。生まれ育った地元の人間関係もあれば，地元から離れた学校や職場での人間関係，趣味やスポーツによる人間関係，ネット上の人間関係などいくつもの集団に属している。これをベラーら（Bellah et al., 1985）は**ライフスタイルの飛び地**と表現した。現代の人々はかつての地縁血縁で結ばれた集団に比べ，ライフスタイルの飛び地による多様な集団に属している。そして，それは，私たちがいくつもの「キャラ」を有していることも意味している。

　小説家の平野啓一郎（2012）は「分人」という概念を提唱する。分人とは「対人関係ごとの様々な自分」のことである。そして，たったひとつの「本当の自分」など存在しないと主張する。裏返していうならば，対人関係ごとに見せる複数の顔が，すべて「本当の自分」である（同書，7頁）。この「分人」の考え方は，社会学や心理学における**多元的自己**や**多元的アイデンティティ**の議論とも重なり，現代人がライフスタイルの飛び地の中で多様な集団に属し，多様な「私」を有している状況での新たな「私」の可能性を示している。

　人は他者の影響を強く受け，集合を無作為に2つに分けただけで，内集団びいきとステレオタイプの問題を生じさせる生き物である。集団間の対立を是正するためには，上述したように，両者の集団を包含するより上位の集団を設定することも考えられるだろう。しかし，それは理論的には世界中を覆いつくす集団となるまで果てることなく続く作業である。それが現実的ではないとするならば，私たちはできるだけたくさんの集団に属し，ひとつに見える集団の中に新たな多くの（サブ）カテゴリーを見つけ出す作業が必要なのではないだろうか。そして，その（サブ）カテゴリーを自由自在に横断する新たなカテゴリーに属し，特定の集団を無意味化することに共生の可能性を見出すことはできないだろうか。『孵化』の高橋ハルカは確固たる「私」がないことを悲観し，アイデンティティの喪失におびえるのではなく，そのことを淡々と受け入れている。私たちは「ひとつの私」に固執することも，「ひとつの私」の不在を嘆くのでもなく，流動化した「私」を生きることによって，あからさまなカテゴ

リー間の対立を避け，多様性を享受し，多様な人々と共生する方略を模索することが必要なのではないだろうか。

（鈴木　勇）

調べてみよう，考えてみよう！

①自分の性格や考え方がどのように変わってきたか考えてみよう。その際に，誰から影響を受けただろうか。あるいはどんな経験が自分を変えたのだろうか。

②世界にはどんな偏見や差別，対立があるか考えてみよう。そして，どうすればそれらをなくすことができるのか考えてみよう。

引用文献

Bellah, R. N., Madsen, R., Sullivan, W. M., Swidler, A., & Tipton, S. M. (1985). *Habits of the heart: Individualism and commitment in American life.* Berkeley, CA: University of California Press. （島薗進・中村圭志（訳）（1991）．心の習慣：アメリカ個人主義のゆくえ　みすず書房）

Cooley, C. H. (1902). *Human nature and the social order.* New York: Charles Scribner's Sons.

船津　衛（2010）．コミュニケーション・入門〔改訂版〕　有斐閣

Haney, C., Banks, C., & Zimbardo, P. (1973). A study of prisoner and guards in a simulated prison. *Naval Research Reviews, 9,* 1-17.

平野啓一郎（2012）．私とは何か―「個人」から「分人」へ　講談社

亀田達也・村田光二（2000）．複雑さに挑む社会心理学　有斐閣

柏木恵子（1983）．子供の自己の発達　東京大学出版会

村田紗耶香（2019）．孵化（『生命式』収録）河出書房新社

日本心理学会（2011）．倫理規定（第3版）　公益社団法人日本心理学会 https://psych.or.jp/publication/rinri_kitei/（2021年2月27日）

大澤真幸（1990）．身体の比較社会学Ⅰ　勁草書房

Sherif, M., Harvey, O. J., White, B. J., Hood, W. R., & Sherif, C. W. (1961). *Intergroup conflict and cooperation: The Robbers Cave experiment.* Norman, OK: University of Oklahoma Book Exchange.

Tajifel, H., Billig, M. G., Bundy, R. P., & Flament, C. L. (1971). Social categorization and intergroup behavior. *European Journal of Social Psychology, 1,* 149-178.

上間陽子・長谷川裕（2008）．若者は今をどのように生きているか―若者の友人関係分析の視点から―　久冨善久・長谷川　裕（編）教育社会学（pp. 92-108）　学文社

第13章　心の不調とは何か
臨床心理学の視点

1．健康／障害／異常とは

（1）健康／障害の定義

　身体的に問題がないというだけでは**健康**とはいえない。World Health Organization（WHO）によると，健康とは，「肉体的，精神的および社会的に完全に良好な状態であり，単に疾病または病弱でないことではない」と定義されている。この定義によれば，真に健康であるためには，「身体」，「心」，「社会」という3側面に注意を払う必要があるということになる。

　では，健康の阻害要因となり得る**障害**とは何だろうか？　障害という言葉から医学的な診断を受けた人／状態を連想するかもしれないが，WHOによる国際生活機能分類（International Classification of Functioning, Disability and Health: ICF）によると，それには心身の問題以上の内容が含まれる。ICFでは，心身機能や身体構造上の問題である「機能障害」，活動を行うときの困難である「活動制限」，生活・人生場面に参加するときの困難である「参加制約」のすべてを包括する語として障害が定義される（WHO，2001 障害者福祉研究会編2002）。そして障害は，健康状態と個人因子および環境因子との相互作用であるとされる（図13-1）。つまり，ICFに基づいて障害を考えるうえでも，「心身」だけでなく，「活動」や「社会」との相互作用という観点が必要になる。

　なお，ICFの中心にあるのは，生きること全体にわたるプラスの概念である「生活機能」である。この視点に立ったとき，何らかの疾患を抱えつつも活動や社会への参加が十分にできる状態が想定できる。そのような状態は不健康だろうか？　健康／障害という概念は一筋縄ではいかないことがわかるだろう。

　以上の定義は，どちらも多次元的な観点を有しており，健康や障害を個人と

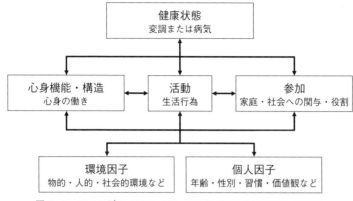

図13-1　ICF モデル（WHO, 2001　障害者福祉研究会編 2002を一部改変）

周囲の環境との相互作用を含む広い視点からとらえている。障害が様々な要素間の相互作用であるということは，特定の要素への介入が他の要素にも影響を与え得ることになる。健康／障害関連問題に関わる臨床心理学では，このような全人的な理解と多面的な切り口からの働きかけが求められる。

（2）医学モデルと社会モデル

　健康や障害を考える際の概念モデルとして，**医学モデル**と**社会モデル**が提唱されてきた。医学モデルでは，障害を病気や健康状態などから引き起こされた個人の特性としてとらえる。このモデルにおいて障害は，医師などの専門家による治療や支援を受けて，当該個人が解消し，乗り越えていく問題であると考える。一方の社会モデルでは，障害を社会によって作り出されたものであり，個人の属性には還元されないものとしてとらえる。このモデルにおいて障害は，不適切な社会的／物理的環境による問題であり，社会的／政治的な対応で解決し，社会全体で乗り越えていく問題であると考える。前者は個人を社会に適応できるように支援するというとらえ方であり，後者は様々な個人がより良く生活できるように社会を変えていくというとらえ方といえるかもしれない。

　両モデルは対立するが，どちらかが正しいというわけではない。個人と社会の両方に働きかけることで，より意味のある支援が可能となる。前述の ICF は，障害を健康状態と個人および環境因子との相互作用でとらえていることからも

わかるように，両モデルの統合に基づき，全体的な理解を目指すモデルである。また，そのような統合を図る上で，後述する「生物-心理-社会」モデルを採用しており，それらの異なる観点における，健康に関する首尾一貫した見方を提供するものとなっている（中俣，2011）。

（3）異常とは何か

　健康や障害を考えるうえで，「異常」とは何かを考えることは重要である。臨床心理学では，何らかの異常のある人やその関係者を対象とするが，そこでの異常を判定する枠組みを与えてくれるのが異常心理学である。異常心理学は行動，情動，思考などの異常や精神病理を対象とする心理学の一領域である。

　改めて異常について考えてみると，意外と難しい。異常心理学では，正常と異常の境界を相対的にとらえており，それらを分ける基準を多次元的に設定している（表13-1）。適応的基準は「所属社会に適応できない状態」を異常とするが，所属集団によって適応状態が変わることになる。「規範の許容範囲内で行動できないこと」を異常とする価値的基準も同

表13-1　異常心理学における「異常」の基準（下山，2009を一部改変して抜粋）

基準	評価	内容
適応的基準	適応―不適応	所属する社会に適応していることが正常であり，社会生活が円滑にできなくなった場合を異常とする
価値的基準	規範―逸脱	判断のための理念体系に基づく規範があり，その規範の許容範囲内で行動している状態が正常，その規範から逸脱している場合を異常とする
統計的基準	平均―偏り	集団のなかで平均に近い標準的状態にあるものが正常であり，平均からの偏りの度合いが強い状態を異常とする
病理的基準	健康―疾病	病理学に基づく医学的判断により健康と判断された場合が正常であり，疾病と判断された場合を異常とする

様の相対性を有することになり，「集団の中で平均から離れた状態」を異常とする統計的基準でも，基準となる集団（準拠集団）が変われば自分の相対的位置は異常にも正常にもなり得る。

さて，「病理学に基づく医学的問題がある状態」を異常とする病理的基準はどうだろうか。一見相対的な点はなさそうだが，実は精神疾患の診断にも文化的な問題が関わっている。診断基準・診断分類マニュアルである Diagnostic and Statistical Manual of Mental Disorders-5（**DSM-5**; American Psychiatric Association, 2013 髙橋・大野監訳 2014）では，精神疾患は文化や社会などの規範や価値基準との関連で定義されると明記されている。つまり，精神疾患の診断は，ある行動や症状などの規範から逸脱と，それに伴う特定の文化や社会への適応の困難さによって決定される。また，疾患によっては健常群（正常とみなされる人たち）と臨床群（病気とみなされる人たち）の間に連続性が想定できる，つまり症状を「程度問題」としてとらえられるものもあることが指摘されている（Haslam, 2007）。このように，病理的基準の境界も絶対的ではない。

以上のように，異常を決める基準は多次元的／相対的である。「異常」やそれと関連の深い「障害」という言葉は身近なものだが，それらはどこにあり，何が作り出しているのかについて，改めて考えてみてもいいかもしれない。

2．ストレス

（1）ストレスとは

本節では，心の不調に関わる要因の代表例である「**ストレス**」について扱う。もともとストレスは物理学用語で，物体に力が加わることで生じる「歪み」を指していた。日常的には「ストレスがかかる」というように，有害な外部刺激を指す語として用いるが，学術的には，心身の負担となる種々の刺激を受けた際の反応をストレスと呼び，その反応を生じさせる刺激を**ストレッサー**と呼ぶ。

ストレス反応には，不安や抑うつなどの心理的反応，不眠や緊張などの身体的反応，過食や過度な飲酒などの行動の変化などが含まれる。一方のストレッサーも，自然災害，戦争，犯罪被害などの「外傷体験」，日常生活の変化であ

る「ライフイベント」, 日々繰り返される「日常苛立ちごと」など, 種類は様々
である。これらのうちライフイベントに着目し, 評価を試みたのがホームズと
ラーエ (Holmes & Rahe, 1967) である。彼らが作成した社会的再適応評価尺
度では, 配偶者の死のストレスレベルが最も高く, 離婚, 配偶者との離別と続
く。中には結婚, 休暇, クリスマスといったものも含まれており, いわゆるネ
ガティブな出来事以外もストレッサーとなり得ることがわかる。

(2) ストレスと心の不調

　ストレスが関与する病気はストレス関連疾患と呼ばれる。それには, 呼吸器
系疾患, 循環器系疾患, 内分泌系疾患などが幅広く含まれており (坪井,
2005), 身体疾患の中でも, その発症や維持に心理社会的要因が強く関連する
疾患は心身症と呼ばれる。また, ストレス関連疾患は心身症に限定されるもの
ではなく, 精神疾患にも大きな影響を与えている。

　DSM-5 において, 特にストレスとの関連が強い疾患は心的外傷およびスト
レス因関連障害群としてまとめられている。そのカテゴリに含まれる疾患には,
心的外傷的経験後に当該出来事に関連した苦痛が持続する心的外傷後ストレス
障害や, ストレス因に反応して情動面や行動面の症状が出現する適応障害など
がある。また, 予期しないパニック発作が繰り返されるパニック症などの不安
症群, 抑うつ気分が続くうつ病などの抑うつ障害群, 同一人物の中に複数の
パーソナリティが現れるようになる解離性同一症などの解離症群がストレス関
連疾患に含まれる (永田, 2015)。なお, その他の多くの精神疾患の発症／維
持にも, ストレスは影響を与えている。

　このように, ストレスは様々な疾患に関与するため, 心の不調／障害を理解
し, 対処するには避けられない。しかし, 精神疾患の症状や原因は多種多様で
あり, ストレスは一要因にすぎないことには注意を要する (宮岡, 2005)。

(3) ストレスへの対処

　同じストレッサーを経験しても, ストレス反応が強く生じ, 心の不調を呈す
る人と, そうでない人がいる。そのような個人差を踏まえて, ラザルスと
フォークマン (Lazarus & Folkman, 1984 本明ら監訳 1991) は, 個人の**認知**

的評価やストレス対処を重視した。彼らによって提唱された心理学的ストレス
モデル（図13-2）では，個人と環境の相互作用からストレスが理解される。

　潜在的ストレッサーは，ストレッサーとなり得る刺激である。一次的評価で
は潜在的ストレッサーを「無関係」，「無害−肯定的」，「ストレスフル」のいず
れであるかを判断し，二次的評価ではストレッサーへの対処可能性や対処方法
を判断する。そこでコントロール不能であると判断されると，抑うつ，不安，
怒りなどの急性ストレス反応が生じる。そして，その反応やストレッサーに対
処するためにコーピング（対処行動）を行う。再評価過程ではストレッサーや
ストレス反応を適切に処理できたかを評価し，対処が不十分な場合には継続さ
れる。このサイクルが長期に及ぶと，慢性的ストレス反応が心身や行動面に現
れ，最終的に心の不調／障害へとつながることもある。

　コーピングの種類や分類は多様であるが，問題焦点型／情動焦点型（Folkman
& Lazarus, 1980）という分類が代表的である。前者は，ストレス源となって
いる問題の解決に焦点を当て，後者はストレスフルな感情の調整に焦点を当て
る。また，近年のストレスコーピング理論は，プロアクティブ・コーピング理
論（Schwarzer, 2001）へと拡張している（川島，2007）。この理論は，ネガ
ティブ状態からの回復という病理的視点ではなく，個人的成長のための資源開

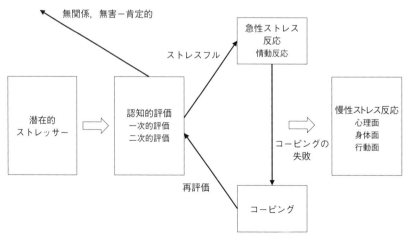

図13-2　心理学的ストレスモデル（川島，2007を一部改変）

発や予防といったポジティブな側面に焦点を当てている。

　以上のように，ストレスは心の不調の一因となり得るが，同時に成長のきっかけにもなりうる。生きている以上，ストレッサーは避けられないものだが，それとどのように関わっていくかが重要な課題といえるだろう。

3．心の不調／障害理解の視点

（1）生物-心理-社会モデル

　これまで見てきたように，心の不調や障害には複数の要因が関わっており，身体や心の状態を個別に見るだけでは理解することはできない。エンゲル（Engel, 1977）は，疾患や心の不調／障害の形成，維持を理解する際に，生物学／心理学／社会学的要因を考慮することの重要性を指摘した。これは**生物-**

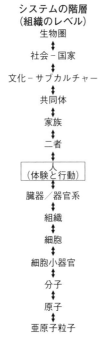

システムの階層
（組織のレベル）
生物圏
社会 – 国家
文化 – サブカルチャー
共同体
家族
二者
人
（体験と行動）
臓器／器官系
組織
細胞
細胞小器官
分子
原子
亜原子粒子

図13-3　自然システムの階層
（Engel, 1980を改変）

心理-社会モデル（biopsychosocial model: BPSモデル）と呼ばれ，医学分野で提唱されたものだが，臨床心理学分野においてもその視点が重視されている。

　BPS モデルでは，個人は様々なレベルのサブシステムから構成される全体として理解される。図13-3 に示すように，生物としての個人は，細胞レベル，臓器レベル，神経系レベルなどの複数のサブシステムからなっており，さらに個人は二者関係レベル，家族レベル，コミュニティレベルなどの上位のシステムのサブシステムとしての側面も有する。つまり，各システムはそれ自体が全体であると同時に上位システムの構成要素（部分）でもある。各サブシステムは，特に近接するサブシステム同士で相互作用しているため，特定のサブシステムの変化は全体の変化につながることが強調される（Engel, 1980）。このような BPSモデルの考え方からも，心の不調／障害を考える

際に，心理面だけでなく身体／社会面などの多層的な視点をもつ重要性が理解できるだろう。

（2）全人的理解

　臨床心理学では，心の不調／障害と向き合う際に，複数の領域／レベルに注意を払い，個人の苦悩を全人的に理解しようとする（下山，2001a）。個人の「問題」を取り上げ，それらを解消することは重要であるが，当該個人の「健康的／適応的な側面」への視点も忘れてはならない。心の不調／障害に苦しむ人は，生物－心理－社会的側面のいずれかもしくは複数領域で不具合を抱えているが，その個人自体は問題ではなく，病気そのものでもない。すべてがネガティブな状態であることは稀であり，どこかに健康的／適応的な側面があるはずである。

　心の不調／障害に焦点を当てると，「悪いところ（問題）探し」をしがちだが，**全人的理解**を掲げるのであれば，健康的／適応的な側面に気づき，それを活用できなければならない。第 1 節で触れた ICF は，障害というネガティブな側面に焦点化する従来の見方から，生活機能というポジティブな側面にも焦点を広げるよう視点を転換するものである（WHO，2001 障害者福祉研究会編 2002）。

4．臨床心理学的な心の不調／障害の理解

（1）様々な理論

　ここまでは全般的な心理行動的問題について見てきたが，臨床心理学には様々な学派／立場があり，それぞれが独自の理論や人間観を有している。本項ではいくつかの立場における代表的な考え方を，ごく簡単に示す。

　まず，フロイト（Freud, S.）が確立した**精神分析**の考え方を見てみよう。この立場では，人間の心は意識，前意識，無意識という層からなると考える。意識は心の現象として気づいている部分，前意識は注意を向ければ気づくことのできる部分，無意識は行動や思考を方向づけるが，意識することができない部分である。精神分析の基本となる考え方は，無意識に様々な欲動や不快な経

験が抑圧されるが，その状態では精神の平衡状態が保てなくなり精神症状が生じるというものである（奥寺，2007）。

　認知行動療法（Cognitive Behavioral Therapies: CBT）では，学習理論を基礎とする行動療法と情報処理理論を基礎とする認知療法の多彩な技法を組み合わせて使用する（Ramnerö & Törneke, 2008 武藤・米山監訳 2009）。この立場では，おもに行動と認知（考え方／出来事の解釈）に焦点が当てられる。そして，非適応的行動の過剰と適応的行動の過少，もしくは非機能的な認知によって心の不調／障害が維持されると理解する。心の不調／障害は環境と個人の反応の関わり方によって生じると考えており，先行刺激−行動−結果もしくは出来事−認知−結果（感情や行動）という枠組みでその相互作用を理解する。CBTでは疾患ごとに様々な認知行動モデルが提案されている。たとえば，パニック症（Clark, 1986），強迫症（Salkovskis, 1985）などのモデルがあり，環境と行動の相互作用から疾患の維持／増悪につながる悪循環を説明している。

　家族を対象としてアプローチする**家族療法**では，家族を全体としてとらえ，メンバーの相互作用に注目する。この立場では，直接的因果律ではなく円環的因果律によって事象を理解し，問題を生じさせる単一の原因を想定／変容するのではなく，問題を維持させるメンバー間の関係性や関わりのパターンに焦点を当てる（楢林，2013）。たとえば，世代間の境界が強すぎるもしくは曖昧である等の理由で，家族内の小単位であるサブシステム（親−子など）間の交流が阻害されてしまう場合，家族メンバーの誰かに心の不調／障害が起こりやすくなると考える（信國，2013）。家族療法では，問題は症状を呈している個人のみのものではなく，家族全体のものであるとみなすため，家族を代表して症状を呈しているメンバーはIdentified Patient（IP：患者とみなされた人）と呼ばれる。

　ロジャーズ（Rogers, C.）が打ち立てた，**クライエント（来談者）中心療法**ではどうだろうか。この立場では，人間が有している主体性，創造性，自己実現に向かう力を信頼し，その力を引き出すような関わり（無条件の肯定的関心，共感的理解，自己一致）を重視する（Rogers, 1951 保坂ら訳 2005; Rogers, 1957）。クライエント中心療法において，心の不調／障害は，経験と自己概念の不一致によって生じると考えられる（Rogers, 1951 保坂ら共訳 2005）。経験

と自己概念を2つの円として，それらの重なりが小さい状態が不一致の状態であり，心の不調／障害に陥りやすい状態である。

　以上は数ある立場のうちのごく一部であり，代表的な考え方の表層にすぎない。それでも，特有の視点で心の不調／障害を理解していることがわかる。視点の取り方によって心の不調／障害の見方が変わることも理解できるだろう。

（2）個別性の重視

　心の不調／障害を理解する際に特定の**診断**やモデルの情報を用いることで，有効な治療法や見通しなどの予測が可能になる。しかし，診断やモデルは平均的／典型的な状態を記述したものであり，目の前のクライエントにそのすべてが当てはまるわけではない。また，心の不調／障害の体験や，それらに関わる要因は個別具体的なものである。症状や困りごとが類似したクライエントがいたとしても，問題は一人ひとり異なる要因によって発生／維持されており，状況の受けとめ方も千差万別であるため，アプローチは個々に合わせて多様になる。診断やモデルなどはわかりやすい説明を提供するが，それによって理解が限定的になる危険がある（森岡，2015）ことも忘れてはならない。臨床心理学では，クライエントを取り巻く様々な要因，本人の体験やそれへの意味づけなど，多種多様な情報を総合し，個に合わせた理解／支援が目指される。

5．臨床心理学の寄与

　臨床心理学には多くの役割があるが，その中核は実践と研究である（下山，2001b）。実践では，特に心の不調／障害を抱える個人やその関係者を対象として支援し，研究では，心の不調／障害のメカニズムを明らかにしたり支援方法を開発／改良したりする。どちらも社会に対して開かれたものであり，当事者との間や専門家内で完結するものではない。たとえば，国民の心の健康の保持増進に寄与することを目的に創設された**公認心理師**の役割には，「心の健康に関する知識の普及を図るための教育及び情報の提供」がある。すべての人に対して正しい情報を広く伝え，予防や差別／偏見の解消などの方法で社会に貢献することも役割の1つである。

　以上のように，臨床心理学は心の不調／障害関連の課題に積極的な寄与が可能である。当事者や関係者の支援という，すでに存在する課題に対する受身的な（守りの）対応と，心の不調／障害の予防や充実した人生を送るための支援という能動的な（攻めの）対応の両方の選択肢を有する臨床心理学に求められる役割は，非常に大きいといえる。

（嶋　大樹）

調べてみよう，考えてみよう！

①身近な異常について，どの基準からそういえるのか考えてみよう。

②身の回りのストレッサーと，自分がよく用いるコーピングを考えてみよう。

③ある心の不調／障害（たとえば，うつ病）について，臨床心理学の様々な立場ではどのように理解するのか，その異同を調べてみよう。

引用文献

American Psychiatric Association. (2013). *Diagnostic and statistical manual of mental disorders* (5th ed.). Washington, D. C.: American Psychiatric Publishing. (髙橋三郎・大野　裕（監訳）(2014). DSM-5：精神疾患の診断・統計マニュアル　医学書院)

Clark, D. M. (1986). A cognitive approach to panic. *Behaviour Research and Therapy, 24*, 461–470.

Engel, G. L. (1977). The need for a new medical model: A challenge for biomedicine. *Science, 196*, 129–136.

Engel, G. L. (1980). The clinical application of the biopsychosocial model. *American Journal of Psychiatry, 137*, 535–544.

Folkman, S., & Lazarus, R. S. (1980). An analysis of coping in a middle-aged community sample. *Journal of Health and Social Behavior, 21*, 219–239.

Haslam, N. (2007). The latent structure of mental disorders: A taxometric update on the categorical vs dimensional debate. *Current Psychiatry Reviews, 3*, 172–177.

Holmes, T. H., & Rahe, R. H. (1967). The social readjustment rating scale. *Journal of Psychosomatic Research, 11*, 213–218.

川島一晃 (2007). 成長へ結びつけるコーピング研究の理論的検討：新しいコーピング理論としての Proactive Coping Theory　心理発達科学, *54*, 93–101.

Lazarus, R. S., & Folkman, S. (1984). *Stress, appraisal, and coping*. New York: Springer. (本明　寛・春木　豊・織田正美（監訳）(1991). ストレスの心理学　実務教育出版)

宮岡　等 (2005). 疾患とストレス：精神障害　河野友信・石川俊男（編）　ストレスの事典 (pp. 116–117)　朝倉書店

森岡正芳 (2015). ナラティブは臨床でどのように使えるのか　森岡正芳（編）　臨床ナラティブアプローチ (pp. 19–34)　ミネルヴァ書房

中俣恵美 (2011). 国際生活機能分類 ICF における「生活機能」をめぐる課題　総合福祉科学研究, *2*, 103–114.

永田頌史 (2015). 医学的対応：ストレスの診断と治療　丸山総一郎（編）　ストレス学ハンドブック (pp. 97–116)　創元社

楢林理一郎 (2013). 円環的認識論　日本家族研究・家族療法学会（編）　家族療法テキストブック (pp. 24–27)　金剛出版

信國恵子 (2013). 構造的モデル　日本家族研究・家族療法学会（編）　家族療法テキストブック (pp. 85–

88)　金剛出版

奥寺　崇（2007）．精神病論　牛島定信（編著）精神分析入門（pp. 85-99）　放送大学教育振興会

Ramnerö, J., & Törneke, N.（2008）. *The ABCs of human behavior: Behavioral principles for the practicing clinician.* Oakland, CA: New Harbinger Publications.（武藤　崇・米山直樹（監訳）（2009）．臨床行動分析の ABC　日本評論社）

Rogers, C.（1951）. *Client-centered therapy.* Boston, MA: Houghton Mifflin.（保坂　享・諸富祥彦・末武康弘（共訳）（2005）．クライアント中心療法　岩崎学術出版社）

Rogers, C. R.（1957）. The necessary and sufficient conditions of therapeutic personality change. *Journal of Consulting Psychology, 21,* 95-103.

Salkovskis, P. M.（1985）. Obsessional-compulsive problems: A cognitive-behavioural analysis. *Behaviour Research and Therapy, 23,* 571-583.

Schwarzer, R.（2001）. Stress, resources, and proactive coping. *Applied Psychology: An International Review, 50,* 400-407.

下山晴彦（2001a）．診断からケースフォーミュレーションへ　臨床心理学，*1*，323-330.

下山晴彦（2001b）．臨床心理学とは何か　下山晴彦・丹野義彦（編）講座 臨床心理学Ⅰ 臨床心理学とは何か（pp. 3-25）　東京大学出版会

下山晴彦（2009）．異常心理学とは何か　下山晴彦（編）よくわかる臨床心理学（pp. 68-71）　ミネルヴァ書房

坪井康次（2005）．ストレス病・ストレス関連性疾患：代表的なストレス関連疾患　河野友信・石川俊男（編）　ストレスの事典（pp. 246-253）　朝倉書店

WHO（2001）. *International classification of functioning, disability and health.* Geneva: World Health Organization.（障害者福祉研究会（2002）．ICF 国際生活機能分類―国際障害分類改訂版―　中央法規）

第14章　心の不調を支援する

科学者－実践家として

1．エビデンスに基づく心理学的実践

（1）心の不調への支援

　心の不調への支援は，支援を必要とする者と，支援する者との関わりの中で展開していくものであり，その方法は多様である。休息，環境調整，薬物療法，心理療法などはその代表であり，それらを組み合わせて個人に最適な支援計画が立案／実行される。心の不調への支援に関わる専門家には，医師，公認心理師／臨床心理士などの心理専門職，看護師，薬剤師，作業療法士，精神保健福祉士など，様々な職種が含まれる。多くの場合は関連多職種がその専門性に応じた役割を分担し，連携しながら要支援者と関わる。

　心の不調への支援には当然心理学以外の知識や技術も応用されているが，本章では特に臨床心理学がどのように寄与できるのかに焦点を当てていく。

（2）エビデンスに基づく心理学的実践

　心の不調に対する心理療法には，効果があるのだろうか？　このような疑問に答えるべく，科学的な視点から数多くの研究が実施されてきた。これまでに膨大な**エビデンス**（根拠，証拠）が蓄積されているが，それらの情報を用いて実施する支援は，**心理学におけるエビデンスに基づく実践**（Evidence-based practice in

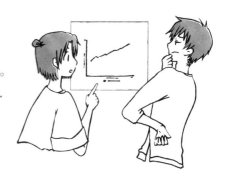

psychology: EBPP）と呼ばれる（APA Presidential Task Force on Evidence-Based Practice, 2006）。アメリカ心理学会第12部会（臨床心理学部門）の「研究によって支持された心理的治療」の情報をまとめた Web ページ（https://www.div12.org/treatments/）には，疾患ごとに効果的な心理的治療が列挙されており，支援者はこれらの情報を駆使して支援に取り組んでいる。

　しかし，研究によって支持された心理的治療の単なる適用は EBPP ではない。EBPP とは，クライエント（来談者）の特徴，文化，好みという文脈において，臨床的専門技術と利用可能な最善の研究知見を統合することであり（APA Presidential Task Force on Evidence-Based Practice, 2006），エビデンスはあくまで支援法選択のための「情報として利用されるべきもの」である（斎藤, 2018）。

　なお，現時点では特定の疾患に対するエビデンスが報告されていない心理的治療も多数存在するが，それは当該治療の効果がないということを意味しない。あくまでその時点では研究による支持がないということであり，評価が保留されている状態である。また，エビデンスにも階層があり（図14-1），参照する研究の質についても注意を払う必要がある。いずれにしても，クライエントの利益を第一に考えて，有害事象の可能性はないか，どの程度の効果が見込めるのか，クライエントの文脈と整合するかといった点を踏まえた支援が必要となる。

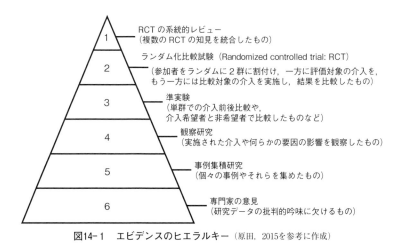

図14-1　エビデンスのヒエラルキー（原田, 2015を参考に作成）

２．アセスメントとケースフォーミュレーション

（１）アセスメント

　頭痛で病院に行ったとき，たいていは医師から「いつから痛いのか，どこがどう痛いのか（ズキズキ？　ガンガン？）」といったことを聞かれるだろう。心の不調の場合も同様であり，適切な支援のためには，様々な情報を得る必要がある。このような「心理的支援を必要とする事例（個人または事態）について，その人格，状況，規定因に関する情報を系統的に収集し，分析し，その結果を総合して事例への介入方針を決定するための作業仮説を生成する過程（下山，2019)」を「**アセスメント（心理査定）**」と呼ぶ。

　アセスメントでは，心の不調を維持／悪化させる要因を推定し，有効な支援のために必要なあらゆる情報の収集を試みる。その際，面接法，観察法，検査法といったアセスメント法が複合的に用いられる。これらの方法には様々な種類があり，特に検査法では多種多様な知能検査，人格検査，神経心理学検査が開発されている。そういった方法を用いて情報を聴取し，クライエントの全体像を理解していく。ここで確認する情報は，主訴／症状／性格や行動傾向／生育歴／他の疾患の有無などの生物／心理的なものだけでなく，経済状況／学校や職場環境／友人関係／サポート資源など環境的なものも含む。つまり，生物－心理－社会的な視点（Engel, 1977）が求められる。

　情報の多くはクライエント本人の語りから得ることになるが，立ち居ふるまい，各種検査の客観的結果，第三者からの情報等と併せて理解することが重要である。なお，クライエントには苦悩／個人的背景／不安などを語ってもらう必要があるため，話しやすい関係や環境を作ることは当然の配慮／技術であり，アセスメントの前提である（藤岡，2018)。

（２）ケースフォーミュレーション

　情報収集後，すぐに介入に移るわけではない。得られた大量で矛盾も含まれる情報を，整理し統合する必要がある。そのような，検証可能な仮説を進展させるような方法で重要な情報を統合する過程（藤岡，2018）を「**ケースフォー**

ミュレーション（Case Formulation: CF）」と呼ぶ。CF は，問題の明確化，問題の発生／維持要因の推定，介入計画の策定を目標としており（藤岡，2018），支援方針作成のための作業仮説としての役割を担うものである（下山，2019）。

　作業仮説である CF は，介入を通して検証される。介入の結果，予測通りの変化が生じない場合は CF の修正が必要となる。予測通りに変化しても，支援が進むごとに状況に合わせて CF は修正される。つまり，介入結果を常時アセスメントし，それに基づいて繰り返し CF をし直す必要があるということになる（図14-2）。もちろん，CF が改定されれば介入方針／内容も変更されるため，CF はアセスメントと介入を循環的につなぐ役割をもつといえる（下山，2019）。

　CF は支援全体の見取り図であるため，精緻な CF ができれば，支援は順調に進みやすい。CF をおろそかにすることは初めて訪れる土地で地図をもたずに歩き回るようなものであり，予期せぬ場所にたどり着いたり，目的地まで遠回りしたりすることにつながりかねない。旅であればそれもよい経験かもしれないが，困難を抱えたクライエントの支援では不適切である。どのような介入を選択したのか，その理由は何か，見通しはどのようなものかといったことの説明責任を果たすためにも，CF は重要となる。

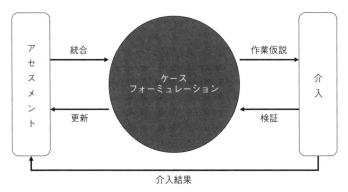

図14-2　アセスメント，ケースフォーミュレーション，介入の関係（筆者作成）

3．様々な支援対象

（1）心の不調の種類／多様な支援対象

　心の不調の種類は様々である。アメリカ精神医学会が編集している**精神疾患**の診断基準・診断分類マニュアルである Diagnostic and Statistical Manual of Mental Disorders-5 （DSM-5; American Psychiatric Association: APA, 2013 髙橋・大野監訳 2014）には，多彩な疾患や状態が含まれる（表14-1）。精神疾患は心の不調の代表であるが，診断名がつかないものの困難感がある状態，引きこもり／閉じこもりなどの社会適応が困難な状態，自分とは何か／生きる意味とは何かというような悩みを抱えた状態など，支援対象は多岐にわたる。

　支援対象となる人の属性も多様であり，幼児から高齢者まで様々な発達段階にある人が含まれる。思春期は社会的／発達的／身体的変化などの影響で不安定になりやすい。高齢者は喪失体験や健康問題の増加による心の不調がある一方，それを加齢の影響とみなして支援を求めないこともある（Llewelyn & Aafjes-van Doorn, 2017 下山編訳 2019）。このような発達段階ごとの特徴を理解し，対応できるような準備が必要である。ただし，身体疾患の有無，経済状況，知的水準，病態水準など，影響する要因は人それぞれであるため，個別のアセスメントは欠かせない。また，直接支援の対象となる人だけでなく，その関係者（家族，教師，上司など）に対する支援が必要となることもある。

（2）支援と実施する文脈

　心の不調は幅広い領域で生じるため，支援の文脈も広範囲にわたる。心理的支援が実施される主要な領域として，医療・保健，学校・教育，司法・矯正，産業・組織，福祉の5つがあげられる（黒木・村瀬，2018）。領域や対象ごとに，よく見られる症状や問題／連携する他職種／目指されるゴール／期待される支援は異なる。たとえば，学校・教育領域では，学校が一人ひとりの子どもの成長支援機能を果たすための支援が求められており，支援者は教師，保護者，福祉関係者などとの連携が必須となる（窪田，2018）。一方，産業・組織領域

表14-1　DSM-5（APA, 2013 高橋・大野監訳 2014）に記載されている疾患群／状態

群	疾患／状態の例
神経発達症群／神経発達障害群	自閉スペクトラム症，注意欠如・多動症／注意欠如・多動性障害
統合失調スペクトラム障害および他の精神病性障害群	統合失調症，妄想性障害
双極性障害および関連障害群	双極Ⅰ型障害，気分循環性障害
抑うつ障害群	うつ病／大うつ病性障害，重篤気分調節症
不安症群／不安障害群	社交不安症／社交不安障害，パニック症／パニック障害
強迫症および関連症群／強迫性障害および関連障害群	強迫症／強迫性障害，ためこみ症
心的外傷およびストレス因関連障害群	心的外傷後ストレス障害，適応障害
解離症群／解離性障害群	解離性同一症／解離性同一性障害，解離性健忘
身体症状症および関連症群	身体症状症，病気不安症
食行動障害および摂食障害群	神経性やせ症／神経性無食欲症，過食性障害
排泄症群	遺尿症，遺糞症
睡眠―覚醒障害群	不眠障害，悪夢障害
性機能不全群	女性の性的関心・興奮障害，男性の性欲低下障害
性別違和	性別違和
秩序破壊的・衝動制御・素行症群	反抗挑発症／反抗挑戦性障害，窃盗症
物質関連障害および嗜癖性障害群	アルコール使用障害，カフェイン中毒
神経認知障害群	せん妄，認知症
パーソナリティ障害群	境界性パーソナリティ障害，回避性パーソナリティ障害
パラフィリア障害群	窃視障害，窃触障害
他の精神疾患群	他の医学的疾患による他の特定される精神疾患
医薬品誘発性運動症群および他の医薬品有害作用	神経遮断薬誘発性パーキンソニズム，遅発性ジスキネジア
臨床的関与の対象となることのある他の状態	家庭の養育に関する問題，児童への冷遇虐待とネグレクトの問題

では，大きくは就労において生じた心の不調への支援と，障害者等への就労支援やキャリア相談といった就労自体への支援が求められ，産業医，上司，外部の支援機関などと連携することになる（種市・割澤, 2018）。また，各領域で

期待される支援にも多様性があり，司法・矯正領域で求められる役割と福祉領域でのそれとは大きく異なることは容易に想像できるだろう。

４．様々な心理療法と実際

（１）各種心理療法と代表的な技法

　支援に際しては，クライエントの抱える問題にあった心理療法を選択し，各種技法を用いて解決を目指す。本節では，いくつかの心理療法とその代表的な技法や考え方をごく簡単に紹介する。

　精神分析では症状や問題の背景にある無意識的な**葛藤**を明らかにし，内面の**洞察**を促す（前田，2014）。治療では，寝椅子に仰臥したクライエントに自由に連想を話させる**自由連想法**を実施する。自由連想の過程で，連想しづらくなったり治療を休んだりする「**抵抗**」や，過去の両親などに対する感情や態度を治療者に向ける「**転移**」が生じる。治療者は，クライエントの連想，抵抗，転移を手がかりとして，無意識下の出来事の意味や理由などに深い情動を伴って気づくことができるように「**解釈**」する。ただし，すぐに洞察に至ることはほとんどないため，繰り返し解釈をしていく。この作業は「徹底操作」と呼ばれ，最終的に問題の除去やパーソナリティの変化を目指す（前田，2014; 長尾，2013）。

　認知行動療法では，行動形成／維持や認知（考え方／出来事の解釈）に関する理論を基盤とした技法を用いて問題に介入し，クライエントの**セルフコントロール**の確立を目指す（坂野，2012）。認知的技法の代表は，おもにうつ病の治療に用いられる**認知再構成法**である。この方法は，過度にネガティブな気分や非適応的行動を引き起こす認知に焦点を当てる。ストレスを感じる状況，思考，気分を記録し，より機能的な認知を案出することで，非機能的な認知の自己修正を目指す（伊藤，2006）。行動的技法の代表は，おもに不安症や恐怖症の治療に用いられる**エクスポージャー**である。これは，不必要に回避している嫌悪的な対象に曝露する（体験する）方法である。曝露によって不安／恐怖などを惹起する刺激がある中での行動レパートリーを増やし，生活への支障度の低減を目指す（原井・岡嶋，2008）。

　家族療法の1つの立場である**コミュニケーション・アプローチ**では，家庭内
での問題にまつわる循環的なコミュニケーションを想定する。そして，それを
問題解決のためであると同時に，問題維持のパターンであるととらえる（中村，
2017）。つまり，家族のコミュニケーションパターンに問題が隠れていると考
える。支援に際しては，その循環を変えるように働きかける。たとえば，手洗
い強迫（問題）のある子どもに対して親がやめさせる（解決のための行動）と
いうパターンがある場合，その循環を変えるために，親がしっかり手を洗うよ
うに指示する（**パラドックス処方**）ことがある（村上，2013）。それによって
問題を維持するコミュニケーションパターンの消失をねらう。

　クライエント中心療法では，人間には本来的に自らを維持し，その可能性を
発展させようとする実現傾向があるとみなす（Thone, 1992 諸富監訳 2003）。
クライエントが心理的に適応状態に至るために，セラピストは，自身の自己像
と自身を表現する方法や現実を見る方法の調和を経験していること（**自己一
致**），受容的態度を示すこと（**無条件の肯定的関心**），クライエントの体験をあ
たかも本人の目を通したかのように共感的に理解すること（**共感的理解**）を重
視する（Thone, 1992 諸富監訳 2003）。なお，これらは技法ではなく支援者の
態度である点には注意が必要である（Tudor & Merry, 2002 岡村監訳 2008）。

　以上のように各種心理療法の理論的背景や世界観は大きく異なり，使用する
技法も千差万別である。しかし，クライエントを尊重し，信頼関係を築くこと
や，その語りを傾聴し，共感的に関わることはすべての支援の前提である。

（2）実 践 例
　以下は架空事例による実践例である。

症例とアセスメント
クライエント（Aさん）：30代の主婦であった。身なりは整っており，質問には丁寧に答
　　　　　　　　　　　えるが，表情は暗かった。
主訴：電車に乗ることや，人混みに行くことができない。
既往歴：小児喘息（現在は治癒）。
家族構成：夫（30代：技術職），息子（10代：高校生），娘（10代：中学生）と同居。父
　　　　　親と母親（ともに60代）は近所在住。Aの状態には理解がある。

家族歴：X-10年頃，母親がうつ病で通院していた。

薬物療法：なし。

現病歴：X-5年の5月頃，パート帰りに電車内でパニック発作があった。以降電車に乗れなくなり，車通勤になった。X-2年，人混みでも発作が生じるようになり，趣味の美術館巡りをやめるなど活動範囲が縮小した。X-1年，友人と食事に行く約束をしていたが，発作が怖くキャンセルした。家族の勧めもあり認知行動療法を受けたが，改善しなかった。X年，転院し当心療内科受診となり，カウンセリング（Co.）再導入となった。

DSM-5に基づく診断：広場恐怖症。

現症：電車や関連する情報を見たときや，人混み／逃げられない場所でパニック発作が生じる。発作への漠然とした恐怖心が常にある。

治療構造：公認心理師／臨床心理士の資格を有するセラピストによる2週間に1回の外来Co.を実施した。

Co.への希望：自由に出かけられるようになりたい。不安のコントロールを目指すCo.はうまくいかなかったので，違う方法を試したい。

アンケート：抑うつ気分および不安が強いことが示された。

治　療

　ケースフォーミュレーション：CF　　初回面接では，①発作への恐怖による関連刺激（身体感覚，電車関連情報など）からの回避，②イメージや理由づけによる活動の制限が語られた。また，「家族や友達は応援してくれる」と，③サポートが得られる環境にあることが示された。さらに，対処行動により不安や恐怖が一時的に軽減するが，結局それらはなくならないこと，X-5年以降電車には乗っていないと語った。

　以上の情報から，行動分析学における機能的アセスメントによって，図14-3のような行動パターン（実線部分）を想定し，対応する介入方針（点線部分）を立案した。具体的には，①発作に関連する不安や恐怖がありつつも生活の質向上につながる行動レパートリーを増やす，②イメージや理由づけの影響力を低減するというものであった。そのために，思考／感情／感覚等に対する不要な回避をせずにそのまま体験し，選択した価値に沿った行動を増やす能力を向上させる介入方法（武藤，2012）である，**アクセプタンス＆コミットメント・セラピー**（ACT: Hayes et al., 2012 武藤ら監訳 2014）が有効であると考えた。

　関連するエビデンスを検索したところ，治療抵抗性のあるパニック症と広場

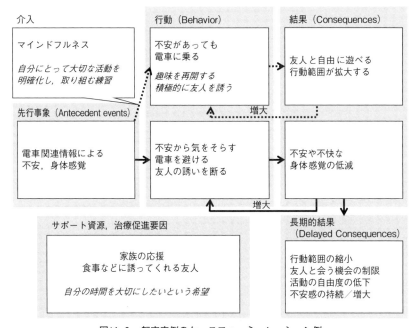

図14-3　架空事例のケースフォーミュレーション例
実線は現在のパターンを示し，点線は介入計画を示す。ケースフォーミュレーション修正後の箇所は斜体で示した。

恐怖症のクライエントに対して ACT を適用した研究（Gloster et al., 2015）がヒットした。当該研究は，エクスポージャーや認知再構成法などに反応しなかった者を対象としており，ACT では治療をしない場合と比較して症状および全体的生活機能が改善することが報告されていた。いくつかの課題があり，強いエビデンスではないが，Aの希望を踏まえた臨床的判断は ACT が適応可能というものであった。以上の内容をAに説明し，同意を得たうえで電車への安定した乗車を目標に介入を開始した。その際，介入効果を判定するために，Aが希望する乗車の回数を記録することを求めた。

　経　　過　まず，イメージや理由づけの影響力を弱めるために，**マインドフルネス**を導入した。マインドフルネスとは，「意図的に，今この瞬間に，価値判断することなく注意を向けること（Kabat-Zinn, 1994）」であり，本症例では不安，恐怖や関連するイメージおよび考えの観察，つまり，それらに反応し

ないでいることに相当した。第3回にマインドフルネスを練習し，セラピスト
と実際に電車に乗った。1駅分マインドフルネスをしながら乗車したところ，
「ドキドキしたけど，それを観察できた。5年ぶりに乗れて嬉しい」と語った。
日常生活下でも乗車するようになったが，第9回までその回数は微増であった
（図14-4）。

　乗車回数およびアンケート（図14-4）より，マインドフルネスだけでは不
十分と判断したため，電車に乗る目的を再確認した。その結果，「自分にとっ
て大切なことが曖昧になっている」と，大切にしたい価値ある活動が不明瞭で
あることが語られた。そこで，人生の方向性を探り，大切だと思う活動を明確
にするよう促したところ，「趣味や友達と会うなど，自分の時間を大切にする」
ことをあげた。以上よりCFを修正し，大切な活動に取り組むことを課題とし
た。

　その結果，家族や友人と遊びに行くことや，趣味の美術館巡りを再開するな
ど活動レパートリーが増え，乗車回数は増加した。なお，乗車前や乗車中に不
安になることがあるものの，それらに反応して下車することはなく，マインド

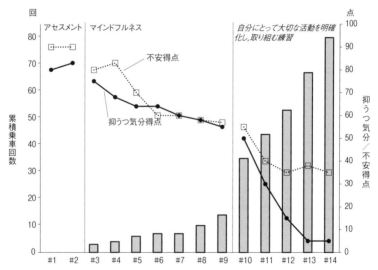

図14-4　架空事例における累積乗車回数および抑うつ気分／不安得点（筆者作成）
斜体はケースフォーミュレーション修正後の介入を示す。

フルな観察を継続しているということであった。また，アンケートのデータから，抑うつ気分はほぼなくなり，不安は中程度まで軽快したことが示された。Aは，「不安はあるけど，それに煩わされず，好きなことができるようになった」と語った。乗車が可能になったことで活動レパートリーが増大し，生活の質が向上したことが報告されたため，同意のもとに Co. 終結となった。

5．臨床心理学が果たすべき責任

　ヘイズら（Hayes et al., 1999）は，アメリカにおける博士学位レベルの行動健康ケアの提供者は，メンタルヘルスや教育プログラムの開発，社会実装，アセスメントや介入の実行者の訓練や監督，プログラムの有効性の評価などの社会的責任を果たす必要性を指摘した。そのためには，専門家は「**科学者 − 実践家**」であることが求められており，それは日本の心理専門職においても同様である。

　臨床心理学は，国民の心の健康の保持増進に寄与する責任を有する。そのためには，上述のような心理的支援の社会実装に関する社会的責任と，その有効性や意義に関する説明責任を果たしていく必要がある。研究と実践を両立し，社会の要請に応えられるように日々の研鑽が求められる。

（嶋　大樹）

> **調べてみよう，考えてみよう！**
> ①取り上げた心理療法以外にはどのような心理療法があるか調べてみよう（参考：心理療法ハンドブック（乾ら，2005），心理臨床学事典（日本心理臨床学会編，2011），一般社団法人　日本臨床心理士会 Web ページ（http://www.jsccp.jp/near/interviewtop.php））。
> ②各種心理療法がどのような障害に有効と考えられているのか，アメリカ心理学会第12部会の Web ページ（URL, p. 179）から調べてみよう（参考：原田（2015））。

引用文献

American Psychiatric Association. (2013). *Diagnostic and statistical manual of mental disorders* (5th ed.). Washington, DC: American Psychiatric Publishing. （高橋三郎・大野　裕（監訳）(2014). DSM-5：精

神疾患の診断・統計マニュアル 医学書院)

APA Presidential Task Force on Evidence-Based Practice. (2006). Evidence-based practice in psychology. *American Psychologist, 61*, 271-285.

Engel, G. L. (1977). The need for a new medical model: A challenge for biomedicine. *Science, 196*, 129-136.

藤岡淳子 (2018). 組み立てる＝アセスメントからケースフォーミュレーション　岩壁 茂 (編著) カウンセリングテクニック入門：プロカウンセラーの技法30 (pp. 72-78)　金剛出版

Gloster, A. T., Sonntag, R., Hoyer, J., Meyer, A. H., Heinze, S., Ströhle, A., … & Wittchen, H. U. (2015). Treating treatment-resistant patients with panic disorder and agoraphobia using psychotherapy: A randomized controlled switching trial. *Psychotherapy and Psychosomatics, 84*, 100-109.

原田隆之 (2015). 心理職のためのエビデンス・ベイスト・プラクティス入門：エビデンスを「まなぶ」「つくる」「つかう」　金剛出版

原井宏明・岡嶋美代 (2008). 治療的エクスポージャー　内山喜久雄・坂野雄二 (編)　認知行動療法の技法と臨床 (pp. 72-77)　日本評論社

Hayes, S. C., Barlow, D. H., & Nelson-Gray, R. O. (1999). *The scientist practitioner: Research and accountability in the age of managed care*. Boston, MA: Allyn & Bacon.

Hayes, S. C., Strosahl, K. D., & Wilson, K. G. (2012). *Acceptance and commitment therapy: The process and practice of mindful change* (2nd ed.). New York: Guilford Press. (武藤 崇・三田村仰・大月 友 (監訳) (2014). アクセプタンス＆コミットメント・セラピー (ACT) 第2版：マインドフルな変化のためのプロセスと実践 星和書店)

乾 吉佑・氏原 寛・亀口憲治・成田善弘・東山紘久・山中康裕 (編) (2005). 心理療法ハンドブック　創元社

伊藤絵美 (2006). うつ病に対する認知行動療法の適用のポイント：患者の自助を通じて再発を予防するために　医学のあゆみ, *219*, 971-975.

Kabat-Zinn, J. (1994). *Wherever you go, there you are: Mindfulness meditation in everyday life*. New York: Hyperion.

窪田由紀 (2018). 教育領域　鶴 光代・津川律子 (編) シナリオで学ぶ 心理専門職の連携・協働：領域別に見る多職種との業務の実際 (pp. 43-71)　誠信書房

黒木俊秀・村瀬嘉代子 (2018). 我が国における心理職の職域と役割　臨床心理学, *18*, 387-390.

Llewelyn, S., & Aafjes-van Doorn, K. (2017). *Clinical psychology: A very short introduction*. Oxford University Press. (下山晴彦 (編訳) (2019). 臨床心理学入門 東京大学出版会)

前田重治 (2014). 新図解 精神分析的面接入門　誠信書房

村上雅彦 (2013). コミュニケーション・モデル　日本家族研究・家族療法学会 (編) 家族療法テキストブック (pp. 85-88)　金剛出版

武藤 崇 (2012). ディメンショナルな「ケース・フォーミュレーション」アプローチとしてのアクセプタンス＆コミットメント・セラピー (ACT)　*Depression Frontier, 10*, 59-64.

長尾 博 (2013). ヴィジュアル 精神分析ガイダンス：図解による基本エッセンス　創元社

中村伸一 (2017). 家族療法のいくつかの考え方　家族社会学研究, *29*, 38-48.

日本心理臨床学会 (編) (2011). 心理臨床学事典　丸善出版

斎藤清二 (2018). 総合臨床心理学原論：サイエンスとアートの融合のために　北大路書房

坂野雄二 (2012). 認知行動療法の歴史と今後の展望　坂野雄二 (監修)　60のケースから学ぶ認知行動療法 (pp. 2-7)　北大路書房

下山晴彦 (2019). 心理療法 (精神療法) におけるケース・フォーミュレーションの役割　精神療法, *6*, 14-20.

種市康太郎・割澤靖子 (2018). 産業・労働領域　鶴 光代・津川律子 (編)　シナリオで学ぶ 心理専門職の連携・協働：領域別に見る多職種との業務の実際 (pp. 124-153)　誠信書房

Thone, B. (1992). *Carl Rogers*. London: Sage. (諸富祥彦 (監訳) (2003). カール・ロジャーズ コスモス・ライブラリー)

Tudor, K., & Merry, T. (2002). *Dictionary of person-centered psychology*. London: Whurr Publishers. (岡村達也 (監訳) (2008). ロジャーズ辞典　金剛出版)

人名索引

事項索引

196

【執筆者一覧】（五十音順，＊は編者）

菊谷まり子（きくたに・まりこ）
金沢大学国際基幹教育院准教授
担当：第4章

竹島康博（たけしま・やすひろ）
同志社大学心理学部助教
担当：第1章，第2章

倉盛美穂子（くらもり・みほこ）
日本女子体育大学体育学部教授
担当：第5章

竹原卓真（たけはら・たくま）＊
同志社大学心理学部教授
担当：第3章

嶋　大樹（しま・たいき）
同志社大学心理学部助教
担当：第13章，第14章

田中優子（たなか・ゆうこ）
名古屋工業大学大学院工学研究科准教授
担当：第6章

清水（加藤）真由子（しみず（かとう）まゆこ）
大阪成蹊大学教育学部講師
担当：第8章

友野隆成（ともの・たかなり）
宮城学院女子大学学芸学部教授
担当：第11章

鈴木　勇（すずき・いさむ）
大阪成蹊大学教育学部教授
担当：第12章

羽野ゆつ子（はの・ゆつこ）＊
大阪成蹊大学教育学部教授
担当：序章，第7章

太子のぞみ（たいし・のぞみ）
日本学術振興会・同志社大学
担当：第10章

半澤礼之（はんざわ・れいの）
北海道教育大学釧路校地域学校教育実践専攻准教授
担当：第9章

あなたとわたしの心理学

教養として心理学と出会う愉しみ

| 2021 年 3 月 31 日　　初版第 1 刷発行 | 定価はカヴァーに表示してあります |

編　者　羽野ゆつ子

　　　　竹原　卓真

発行者　中西　　良

発行所　株式会社ナカニシヤ出版

〒606-8161 京都市左京区一乗寺木ノ本町 15 番地

TEL 075-723-0111　FAX 075-723-0095

http://www.nakanishiya.co.jp/

Email iihon-ippai@nakanishiya.co.jp

郵便振替　01030-0-13128

イラスト＝HeE／装幀＝白沢　正

印刷・製本＝亜細亜印刷

© 2021 by Y. Hano & T. Takehara　　Printed in Japan.

＊落丁・乱丁本はお取替え致します。

ISBN978-4-7795-1557-6